Otto von Zallinger

Ministeriales und milites

Untersuchungen über die ritterlichen Unfreien zunächst in baierischen

Rechtsquellen des XII. und XIII. Jahrhunderts

Otto von Zallinger

Ministeriales und milites
Untersuchungen über die ritterlichen Unfreien zunächst in baierischen Rechtsquellen des XII. und XIII. Jahrhunderts

ISBN/EAN: 9783743629547

Hergestellt in Europa, USA, Kanada, Australien, Japan

Cover: Foto ©ninafisch / pixelio.de

Weitere Bücher finden Sie auf **www.hansebooks.com**

MINISTERIALES UND MILITES.

UNTERSUCHUNGEN

UEBER

DIE RITTERLICHEN UNFREIEN

ZUNAECHST

IN BAIERISCHEN RECHTSQUELLEN DES XII. UND XIII. JAHRHUNDERTS.

VON

OTTO v. ZALLINGER.

INNSBRUCK.
VERLAG DER WAGNER'SCHEN UNIVERSITÄTS-BUCHHANDLUNG.
1878.

Inhaltsübersicht.

                                                Seite

Einleitung   . . 1

I.

1. **Nachweis einer von den Ministerialen verschiedenen Klasse unfreier Ritter. In den** süddeutschen Rechtsbüchern — 2. In den süddeutschen Urkunden. Der Ausdruck Milites, specielle Bezeichnung der ritterlichen Leute von Edelherren und Ministerialen. — 3. Rechtlicher Charakter dieser Milites . . . 3

II.

1. **Verhältniss von Ministerialen und Milites bis in's dreizehnte Jahrhundert.** Umstände, welche auf das Fehlen einer tieferen, rechtlichen Scheidung zu deuten scheinen. — 2. Scheidung nach dem Dienst; der Hofdienst als Eigenthümlichkeit des Rechtes der Ministerialen . . 12

III.

1. **Umgestaltung des Verhältnisses von Ministerialen und Milites seit der Mitte des dreizehnten Jahrhunderts.** Aeusserungen eines schärferen rechtlichen Gegensatzes. — 2. Zweitheilung der unfreien ritterlichen Mannschaft eines Herren. — 3. Stärkeres Hervortreten der niederen unfreien Ritter als eigener abgeschlossener Stand; die Ritter und Knechte; die sendmässigen Leute des österreichischen Landrechts. — 4. Nobiles mediocres. — 5. Mitterleute 21

IV.

1. **Genauere Untersuchung der rechtlichen Stellung des niederen unfreien Ritterstandes.**

a*

Ritterbürtigkeit. — 2. Stellung der Ritter im Lehenrecht; passive Lehensfähigkeit; Heerschild derselben. — 3. Die Lehre über die siebente Heerschildsstufe in den Spiegeln: im Sachsenspiegel, in den süddeutschen Spiegeln: im Landrecht, im Lehenrecht des Schwabenspiegels. — 4. Die Personen des siebenten Heerschildes: die semperen Leute; Entscheidung dieser Frage im Rechtsbuche Ruprechts von Freising. — 5. Mangel der activen Lehensfähigkeit. — 6. Stellung der Ministerialen und Milites im Hofrecht. - 7. Die Dienstmannen der Fürsten nicht als Eigenthum derselben, sondern als Lehen vom Reiche aufgefasst. — 8 Stellung der Dienstmannen und Ritter im öffentlichen Recht. — 9. Folgen der verschiedenen Rechtsstellung der beiden unfreien ritterlichen Stände. — 10. Wie erklärt sich die Einschränkung der Bezeichnung Dienstmannen auf die eigenen Ritter der Fürsten im Schwabenspiegel? 41

Beilage: Zur Bedeutung des Ausdruckes „Sendbar“.
1. **Sendbar gleichbedeutend mit Ritterlich oder Ritterbürtig.** — 2. Nachweis dieses Sprachgebrauches in österreichischen Quellen. — 3. In den anderen süddeutschen Urkunden. — 4. In den süddeutschen Rechtsbüchern; Semperfrei zuweilen gleich Ritterlichfrei; Deutschensp. c 62, Schwabensp. c. 70 b. — 5. Deutschensp. c. 71 e, Schwabensp. c. 79 III. — 6. Bedeutung des Ahnenbeweises der Schöffenbarfreien im Sachsenspiegel. — 7. Deutschensp. c. 203, Schwabensp. c. 121 I. — 8. Die engere Bedeutung von Semperfrei erst durch den Verfasser des Deutschenspiegels willkürlich mit diesem Worte verbunden. — 9. Bedeutung der Homines synodales 77

Man hat bisher gewöhnlich angenommen, dass der in den Quellen des späteren Mittelalters hervortretende Stand der Ministerialen oder Dienstmannen im Allgemeinen alle unfreien aber waffenfähigen, beziehungsweise ritterbürtigen Personen umfasse [1]), welche, wie man glaubt, wenn auch im Einzelnen je nach Zeit, Ort und Herrschaft unter verschiedenen Verhältnissen lebend, doch im Wesentlichen überall dieselbe rechtliche Stellung einnahmen [2]) und mit demselben Ausdruck bezeichnet wurden; — dass also die Begriffe des unfreien Ritters und des Ministerialen wenigstens im Allgemeinen und regelmässig zusammenfallen [3]), und dass die Reihe der ritterlichen Stände mit den Ministerialen oder Dienstmannen abschliesse.

Insbesondere nahm noch Ficker, wie nur einen Stand freier Ritter, den der freien Herren, so auch nur einen mit den Dienstmannen zusammenfallenden Stand unfreier Ritter an [4]).

Und so fest war diese Anschauung gewurzelt, dass, als Hasenöhrl zuerst bestimmter auf eine den Ministerialen an Rang nachstehende Klasse von Rittern hin-

---

[1]) Vgl. Goehrum, Lehre von der Ebenbürtigkeit 1 § 27. Eichhorn, Deutsche Staats- und Reichsgeschichte § 344. Walter, Deutsche Rechtsgeschichte § 202. Zoepfl, Deutsche Rechtsgeschichte 2 § 30 a. Schulte, Lehrbuch der deutschen Reichs- und Rechtsgeschichte § 83 IV.

[2]) Fürth, Ministerialen S. 51.

[3]) Fürth, Ministerialen S. 67, sieht die Fälle, wo niedere Unfreie die Ritterwürde erlangten, nur als Ausnahmen an.

[4]) Ficker, Vom Heerschild, S. 189.

wies, er diese als einen niederen Stand ritterlicher Freier auffasste [1]).

Dem gegenüber glaube ich nun behaupten zu müssen, dass wir den Begriff der Ministerialen keineswegs in dieser Ausdehnung fassen dürfen, dass es vielmehr, wenigstens sicher in Süddeutschland, schon seit dem elften Jahrhundert **neben den Ministerialen einen von denselben zu scheidenden und ihnen untergeordneten Stand unfreier Ritter gegeben habe.**

Trete ich so in Folgendem einer allgemein herrschenden Ansicht entgegen, glaube ich, dass, so richtig die von Hasenöhrl betonte Scheidung ist, so wenig seine Erklärung derselben sich bestätigt, so wird es nothwendig sein, dies eingehender zu begründen.

Da es jedoch bei solchen Forschungen nicht gut, oder wenigstens nicht leicht durchführbar ist, sogleich ein zu grosses Gebiet in's Auge zu fassen, so beschränke ich mich in nachstehender Untersuchung wesentlich auf das baierische Rechtsgebiet, wo jene Unterscheidung am schärfsten auftritt.

In dieser Begränzung werde ich nun versuchen, vor Allem den Bestand einer Scheidung der ritterlichen Unfreien in zwei Klassen zu erweisen, sodann das Verhältniss derselben zu einander im Allgemeinen zu bestimmen und in seiner Entwicklung und Umgestaltung im Laufe des dreizehnten Jahrhunderts zu verfolgen, um schliesslich in eine genauere Untersuchung der rechtlichen Stellung des niederen unfreien Ritterstandes gegenüber den Dienstmannen einzugehen, wie sich dieselbe gegen Ende des dreizehnten Jahrhunderts, also um die Zeit der Entstehung des Schwabenspiegels, herausgebildet hatte.

---

[1]) Hasenöhrl, Oesterreichisches Landrecht S. 77 ff.

I.

1. Für den Nachweis einer besondern, von den Ministerialen verschiedenen Klasse unfreier Ritter bieten uns zunächst schon die beiden süddeutschen Rechtsbücher nicht unwesentliche Anhaltspunkte. So bestimmt der Schwabenspiegel an einer Stelle: *Ir svnt wissen, daz nieman dienest man haben mag mit rehte, wan daz riche vnd die fvirsten; swer anders giht er habe dienest man, der seit vnrehte; si sint alle ir eigen, die si hant, ane die ich hie vor genennet han*[1]. Darnach spricht derselbe überhaupt nur dem Reiche und den Fürsten das Recht zu, Dienstmannen zu haben, während er allen anderen Herren nur eigene Leute zugesteht und in consequenter Unterscheidung stellt er auch stets die fürstlichen Dienstmannen in Gegensatz zu den Eigenleuten der freien Herren[2]. Eine Interpretation des Ausdruckes „Fürsten" in der oben citirten Stelle als Höchstfreie überhaupt, so dass darunter auch Grafen, Dynasten und geistliche Stifte zu verstehen wären[3], erscheint somit als gänzlich unerlaubt, wie denn auch schon in derselben Stelle unmittelbar nach der betreffenden Bestimmung die Fürsten ausdrücklich als besondere Standesklasse von den freien Herren (im Sinne von Höchstfreien) und Mittelfreien unterschieden werden. Da nun aber andererseits auch Grafen und Edle erwiesener-

---

[1] Schwabenspiegel Landrecht (ed. Lassberg), c. 308.
[2] Schwsp. Ldr. c. 68, 70, 139, 156, 308.
[3] Fürth, Minist. S. 137.

massen ritterliche Unfreie hatten, so dürfte sich als nächstliegende Folgerung ergeben, dass der Schwabenspiegel eben nicht alle unfreien, ritterlichen Personen zu den Dienstmannen rechnete. Diese Ansicht wird denn auch auf das Entschiedenste unterstützt durch jene dem Deutschenspiegel und dem Schwabenspiegel gemeinsame Stelle, worin bei Bestimmung der Morgengabe für die einzelnen ritterlichen Klassen nach den Dienstmannen noch besonders der Eigenmann, der Ritter ist, aufgeführt wird [1]). So erlauben uns also die Angaben dieser beiden Spiegel den Schluss auf das Bestehen einer Scheidung der ritterlichen Leute in zwei Klassen, welche hier als Dienstmannen und ritterliche Eigenleute auftreten.

2. Damit stimmen auch durchgehends die **süddeutschen Urkunden**. Sehen wir hier auf die unfreien Ritter, so finden wir dieselben schon seit dem elften Jahrhundert bald als **Ministeriales**, bald als **Milites** bezeichnet. Der Ausdruck Miles wird nun in den Urkunden im verschiedensten Sinne gebraucht [2]) und dient abwechselnd im Laufe der Zeit als gewöhnliche Bezeichnung einzelner ritterlicher Stände, je nachdem das Moment der ritterlichen Lebensweise oder der Ritterbürtigkeit gerade als besonders charakteristisch oder unterscheidend für eine Klasse erscheinen mochte. So findet er sich in früherer Zeit häufig in der Bedeutung des freien Vassallen, später vorwiegend in der des unfreien Ritters [3]). Auch wird als Miles insbesondere derjenige bezeichnet, der bereits die Ritterwürde empfangen hat, gegenüber dem blos ritterbürtigen Knappen. Können so auch sehr wohl Ministerialen als Milites aufgeführt werden, so muss es doch auffallen, wenn mitunter in einer und derselben Urkunde zuerst Ministerialen genannt

---

[1]) Deutschensp. c. 22, Schwsp. Ldr. c. 18. Vgl. Fürth, Minist. S. 68.
[2]) Fürth, Minist. S. 66.
[3]) Vgl. Ficker, Vom Heerschild S. 173, 180.

sind, auf welche dann noch Milites folgen, so dass wir in diesen letztern Leute niederen Ranges vermuthen müssen.

Eine genauere Untersuchung dieser Verhältnisse ergibt, dass, während die unfreie ritterliche Mannschaft von Fürsten und Grafen in der Regel als Ministerialen bezeichnet wird, der Ausdruck Milites schon früh als ständige und zwar ausschliessliche Bezeichnung für die ritterlichen Leute von Edelherren und Ministerialen gebraucht erscheint.

Für das nördliche Deutschland finden sich wohl einige Stellen, in welchen Ministerialen von Edelherren genannt sind. So schenkt im Jahre 1128 ein Edler Udo alle seine *ministeriales inbeneficiatos* an Mainz [1]); ebenso 1178 der Edle von Wetteringen *ministeriales suos* an das Bisthum Münster [2]) und 1244 sprechen die Edlen von Horstmar und Steinfurt von ihren Ministerialen [3]).

Im Süden werden nur 1160 und 1170 Ministerialen des Edlen von Tarasp in Engadin erwähnt [4]), und was das hier insbesondere in's Auge gefasste Gebiet betrifft, so ist mir bisher nur ein solches Beispiel aufgefallen. Der Edle *Dyebaldus de Chagere* überträgt nämlich 1140 sein Allod *Obbremburch* an die Kirche von Aquileia und als Bestandtheil dieser Schenkung werden auch aufgeführt *ministeriales utriusque sexus prope centum, qui legem et ius Aquilegiensium dienstmannorum eorum collaudatione deberent habere* [5]). Auffallend erscheint hiebei sogar die grosse Zahl der verschenkten Ministerialen.

---

[1]) Beyer, Urkundenbuch 1 S. 515.
[2]) Cod. dipl. Westfaliae 2 S. 143.
[3]) Cod. dipl. Westf. 3 S. 226. Ich bemerke hier, dass mir für diese Parthie von Herrn Hofrath Professor Dr. Ficker ein dieselben Verhältnisse behandelndes Manuscript aus dem 2. Theile seines Werkes „Vom Reichsfürstenstande" freundlichst zur Benützung überlassen wurde, welchem ich diese und einige der nächstfolgenden Belegstellen entnommen habe.
[4]) Mohr, Cod. dipl. 1 S. 188, 203.
[5]) U. B. des Herzogthums Steiermark, S. 188.

Doch werden wir in derartigen Beispielen jedenfalls nur ganz vereinzelte Ausnahmsfälle zu erblicken haben, die nicht in Betracht kommen können gegenüber den zahllosen Stellen, in welchen stets nur Milites von Edelherren genannt sind. Und zwar werden nicht selten, was für die oben aufgestellte Behauptung als besonders beweisend gelten dürfte, Milites von Edeln neben Ministerialen von Fürsten und Grafen in einer und derselben Urkunde aufgeführt.

In einer Urkunde des Klosters Admont vom Jahre 1074 werden nach Bischöfen und Grafen unter den Edlen als Zeugen genannt: *Marquard filius Askwini et eius miles Guntherus,* — *Odilscalch de Welfishoven et tres eius milites,* — *Marquard Suevus et miles eius,* — *Odalrich et Gotfrid milites Engelberti advocati*, worauf eine Anzahl *de ministerialibus Salzburgensis ecclesie* folgen [1]; ebenso finden sich unter den Zeugen einer Urkunde von 1165 ein *ministeriales marchionis de Styre* und später vier *milites domini Liutoldi (de sancto Dionysio)* [2].

Noch deutlicher tritt der Gegensatz hervor in einer Urkunde des Bischofes von Constanz von 1201, in welcher als Zeugen zuerst Ministerialen des Herzogs, dann Ministerialen der Grafen von Froburg und Lenzburg, zuletzt *milites dominorum de Bechburg* aufgeführt sind [3] und 1228 erscheinen in einer Passauer Urkunde als Zeugen der Graf von Liebenau *et ministeriales sui*, die Grafen von Plaien und Löwenburg mit ihren Ministerialen, darauf *W. de Uttendorf et milites sui*, weiter Edle ohne Mannen, schliesslich Ministerialen der Kirchen von Passau und Salzburg [4].

Fast nicht minder häufig werden weiter auch Milites von Ministerialen erwähnt, während sich kein Beispiel

---

[1] U. B. des Herzogth. Steierm. S. 94.
[2] U. B. des Herzogth. Steierm. S. 458.
[3] Herrgott, Genealogie 2 S. 206.
[4] Mon. Boica 2 S. 197.

findet, dass die Leute eines Ministerialen selbst wieder Ministerialen genannt worden wären. Besonders oft und zahlreich kommen Milites von Salzburger Ministerialen vor. So in einer Urkunde vom Jahre 1135, worin als Zeugen erscheinen: *nobiles*, darunter *Wisint de Pinzgow, Udalricus miles eius*; dann *de ministerialibus sancti Rudberti*: — *Rudigerus de Isencowe, Lantfrid miles eius*; darauf folgen noch Personen *de familia coenobii* und *de ministris marchionis Otacheri* [1]); 1180 finden sich unter den Salzburger Ministerialen als Zeugen *R. et G. et milites eorum K. et M.* [2]); 1186 und 1190 wird ein *V. miles* des Kastellans Meingoz von Surberg erwähnt [3]) und in zwei Schenkungen der Witwe des letzteren Diemud aus den Jahren 1193 und 1195 sind nach den Ministerialen sogor fünf *milites dominae Diemudis* aufgeführt [4]). Noch bedeutender scheint die ritterliche Mannschaft der Montparis gewesen zu sein. In einer Urkunde des Ortolf von Montparis von 1213, worin derselbe seiner Gemahlin die Burg Herberg *et omnem familiam ibidem residentem* und ausserdem *partem familiae in Montparis residentis* überlässt, stehen als Zeugen zuerst Ministerialen von Salzburg, darunter Friedrich von Pettau *et milites sui*, nach demselben fünf *milites de Longow*, sechs *milites de Montparis* und sechs *milites de Herberch* [5]).

Aber auch in anderen Gegenden werden dienstmännische Milites oft genug erwähnt; z. B. 1219 *milites* des österreichischen Ministerialen Hartnid von Ort [6]); 1273 ein *miles* des Ch. von Blanchenpach [7]), 1275 zwei

---

[1]) U. B. d. Herzogth. Steierm. S. 168.
[2]) Meiller, Salzb. Reg. S. 138.
[3]) Meiller, Salzb. Reg. S. 147, 154.
[4]) Meiller, Salzb. Reg. S. 118 und Mon. Boica 3 S. 505.
[5]) Meiller, Salzb. Reg. S. 206.
[6]) Meiller, Bab. Reg. S. 124.
[7]) Mon. Boica 3 S. 273.

milites des Puobo von Lozenchirchen¹), 1215 ein *miles* des Konrad von Braunau²), sämmtlich Ministerialen des Herzogthums Baiern u. s. w.

Diese Zeugnisse dürften vielleicht hinreichen, die Richtigkeit des oben aufgestellten Satzes über den Gebrauch der Bezeichnungen Ministeriales und Milites in den Urkunden ausser Zweifel zu stellen. Eine lokale Abweichung von demselben scheint sich nur insoferne für Oesterreich geltend zu machen, als hier die Grenze zwischen Ministerialen und Milites noch höher hinaufgerückt erscheint, indem regelmässig auch die Mannschaft der Grafen nicht als Ministerialen, sondern als Milites bezeichnet wird, während in baierischen Urkunden durchwegs das Erstere der Fall ist. Eine Ausnahme von diesem in Oesterreich eingehaltenen Sprachgebrauche ergibt sich nur in einer Urkunde von 1210, in welcher von Ministerialen des Grafen Friedrich von Hohenburg die Rede ist³).

3. Was nun den **Charakter dieser als Milites bezeichneten Personen** betrifft, so dürfte die Annahme, dass man in denselben überall eine Klasse **unfreier Ritter** zu erblicken habe, wohl kaum einem Zweifel unterliegen.

Bei den Milites der Edelherren wäre zwar die Auffassung derselben als freie Vassallen an und für sich gerade nicht ausgeschlossen, wenn es auch immer unwahrscheinlich bliebe, dass freie Herren, als welche wir doch in diesem Falle die Milites auffassen müssten⁴), so oft sich entschlossen hätten, Lehen von Genossen zu nehmen⁵). Allein, abgesehen davon, erhellt die Unfreiheit dieser Milites schon daraus, dass dieselbe in vielen Fällen in

---

¹) Mon. Boica 3 S. 275.
²) Mon. Boica 3 S. 298.
³) Meiller, Bab. Reg. S. 104.
⁴) Vgl. Ficker, Vom Heerschild S. 149, 150.
⁵) Vgl. Ficker, Vom Heerschild S. 156.

den Urkunden ausdrücklich ausgesprochen ist. So werden bei einer Schenkung des edlen Herrn Adelram von Waldeck vom Jahre 1141 ausgenommen *proprii sui milites et ille que hominibus suis inbeneficitate erant possessiones* ¹) und ebenso 1152 in einer Schenkung der Witwe des Edlen Liutold von St. Dionys ihre *militaris familia* ²). In einer Urkunde von 1187 stehen am Schlusse der Zeugenreihe acht *milites proprii* des Edeln Luitold von Gutenberg ³); 1211 bekundet der Erzbischof Eberhard II. von Salzburg den Kauf einer Burg *a quodam libero homine Gotescalco cum hominibus suis propriis militaribus sexus videlicet utriusque* ⁴) und ein anderesmal wird ein *miles domini O. de Routingen proprius* erwähnt ⁵).

Ueberdies lässt uns aber schon die ganze Art und Weise des Auftretens dieser Milites in den Urkunden, besonders in den Zeugenreihen in denselben eine den Ministerialen entsprechende Personenklasse erkennen, wie dies manche der oben angeführten Stellen unverkennbar zeigt. Dazu kommt auch noch der Umstand, dass mitunter, namentlich in Salzburgischen Urkunden, gräfliche Mannen bald als Ministerialen, bald als Milites bezeichnet werden.

Dasselbe gilt nun auch von den Milites der Ministerialen. Der Gedanke an freie, in Lehensabhängigkeit von den Ministerialen stehende Personen erscheint hier nach der ganzen Stellung, welche, wie wir gesehen, die Milites zu den Ministerialen in Urkunden einnehmen, überhaupt unstatthaft. Allerdings spricht der Schwabenspiegel, wie der Deutschenspiegel den Dienstmannen

---

¹) U. B. d. Herzogth. Steierm. S. 213, vgl. ebendas. S. 269.
²) U. B. d. Herzogth. Steierm. S. 331.
³) U. B. d. Herzogth. Steierm. S. 668, vgl. auch ebendas. S. 674.
⁴) Meiller, Salzb. Reg. S. 200.
⁵) Mon. Boica 29b S. 267, vgl. auch die Beispiele bei Fürth, Minist. S. 68.

überhaupt das Recht ab, eigene Leute zu haben und erklärt die als solche von ihnen bezeichneten Personen als Eigenthum der Herrschaft [1]). Dies ist auch richtig im Sinne des Landrechtes; nichts desto weniger wird aber ein beschränktes, dienstrechtliches Eigenthumsrecht den Ministerialen doch immer zuerkannt. Bei jeder Verfügung über ihr Gut, durch welches ausser die Gewalt ihres Herren kommen sollte, an die Zustimmung desselben gebunden, übten sie andererseits im Kreise des Dienstrechts ihren Genossen und selbst dem Herren gegenüber über Land und Leute alle Befugnisse des Eigenthums, mit welchem Namen dieses Verhältniss in den Quellen auch durchweg bezeichnet wird. Wie nun sehr gewöhnlich von Grundeigenthum und eigenen Leuten der Ministerialen gesprochen wird, so erscheinen auch die Milites derselben in den Urkunden nicht selten ausdrücklich als *proprii* oder in ähnlicher Weise bezeichnet. So heisst es beispielsweise 1140 in einer Schenkung des Ministerialen Gotfried von Wieting: *Excepit vero duos mansos cum vinea, quos Baldewino proprio militi suo tradiderat* [2]); oder 1204 schenkt die Witwe eines Ministerialen an die Salzburger Kirche das Gut *Hegiln* mit allem Zubehör *et cum omnibus propriis hominibus Hegiln pertinentibus exceptis militibus* [3]).

Dass wir es weiter bei diesen ritterlichen Eigenleuten mit einer von den Ministerialen unterschiedenen Klasse zu thun haben, ergibt sich mit Nothwendigkeit aus der strengen Consequenz in der Bezeichnung, indem, wie schon bemerkt, nirgends eine Verwechslung der Ausdrücke Miles und Ministeriales für die Leute eines einfachen Edeln zu entdecken ist, während

---

[1]) Schwsp. Ldr. c. 68, 308; Deutschsp. c. 61.
[2]) U. B. d. Herzogth. Steierm. S. 196.
[3]) Meiller, Salzb. Reg. S. 184, vgl. auch Fürth Minist. S. 68 und Mon. Boica 8 S. 512.

umgekehrt die Ministerialen von Fürsten und Grafen sehr oft auch als Milites bezeichnet werden.

Ebensowenig ist zu bezweifeln, dass diese Milites im Allgemeinen eine Klasse niedrigeren Ranges sind, als die Ministerialen, da sich dies bei den Milites der Ministerialen von selbst versteht und auch sonst wohl aus den Urkunden hervorgeht, indem dort, wo Ministerialen und Milites zugleich als Zeugen auftreten, diese entsprechend dem Rangverhältniss der Herrschaften den ersteren nachstehen [1]).

Darnach erprobt sich also die Darstellung des Schwabenspiegels urkundlich insoweit, als auch hier eine Scheidung der ritterlichen, unfreien Personen in zwei Klassen deutlich hervortritt, wenn auch der Begriff der Ministerialen, als der bevorzugten Klasse, seinem Umfange nach hier regelmässig weiter gefasst erscheint, als dies im Schwabenspiegel der Fall ist.

---

[1]) Vgl. die Beispiele oben S. 6. Finden wir mitunter auch die Milites den Ministeriales in Urkunden vorgesetzt, so erklärt sich diese Ordnung meist sofort daraus, dass der Ausdruck Miles in den betreffenden Stellen eben nicht den ritterlichen Eigenmann, sondern den freien Vassallen bedeutet, so z. B. in Mon. Boica 29b S. 45, wo Markgraf Diepold von Steier eine Schenkung vornimmt *in praesentia militum et ministerialium suorum* (vgl. auch ebendas. S. 50 und Meiller, Bab. Reg. S. 14), oder es handelt sich in einem solchen Falle um den Gegensatz von wirklichen Rittern und noch nicht zu Rittern geschlagenen Ritterbürtigen. Dies dürfte zutreffen in einer Urkunde von 1275 bei Mohr, Cod. dipl. 1 S. 411, 413, wo es in der Zeugenreihe nach Anführung der Domherren von Chur heisst: *Domino H. et Domino E. fratribus de Asperomonte, A. de Marmoraria, G. et R. de Schowenstein militibus, C. de Juvalt, A. de Schowenstein ministerialibus ecclesiae Curiensis.* Dass man hier in den als Milites genannten Personen nicht freie Herren sehen darf, ergibt sich aus dem Umstande, dass alle drei Familien, welchen diese Milites angehören, sich anderweitig als dienstmännische nachweisen lassen. Dasselbe scheint der Fall zu sein in einer Urkunde von 1284, wo ebenfalls zuerst *milites*, dann *ministeriales ecclesie Frisingensis* genannt werden (Quellen u. Erört. 5 S. 378).

II.

1. Kann nach dem Gesagten die Thatsache des Bestandes einer besondern Klasse ritterlicher Unfreier unter den Ministerialen wohl als feststehend angesehen werden, so werden wir zunächst nach dem **Verhältniss von Ministerialen und Milites** zu fragen und festzustellen haben, worin denn eigentlich das unterscheidende Moment zwischen beiden Klassen zu suchen sei.

In dieser Beziehung finden wir nun in den Quellen **bis in die erste Hälfte des dreizehnten Jahrhunderts keinerlei bestimmte Anhaltspunkte für eine tiefere rechtliche Scheidung.** Ja, die Beobachtung, dass sich während dieser ganzen Zeit eine Scheidung innerhalb der unfreien, ritterlichen Mannschaft einer und derselben Herrschaft nirgends sicher nachweisen lässt, sondern stets entweder nur Ministerialen oder nur Milites eines Herren erwähnt werden, könnte uns den Gedanken nahe legen, dass für die Unterscheidung der unfreien Ritter in Ministeriales und Milites und den verschiedenen Rang beider Klassen lediglich der verschiedene Stand und Rang der Herrschaft als massgebend zu betrachten sei, so dass also die ritterlichen Eigenleute höherer Herren, regelmässig der Fürsten und Grafen, Ministerialen, jene der niederen, der Edlen und Dienstmannen, Milites genannt worden wären, ohne dass desswegen eine wesentliche Verschiedenheit in der rechtlichen Stellung derselben bestanden haben müsste.

Für eine solche Annahme würde dann weiter auch der Umstand sprechen, dass Milites, welche von Edelherren an fürstliche Kirchen geschenkt wurden, dort ohne Weiters in die Dienstmannschaft eintreten konnten, wie dies aus Zeugnissen des zwölften Jahrhunderts bestimmt hervorgeht; so, wenn es in einer Urkunde des Bischofs von Passau vom Jahre 1157 heisst: *vir nobilis D. de Adelgerespach — militem suum Reginbertum una cum filiis — in manus nostras ad obtinendam ministerialem iusticiam legitima donatione contradidit* [1]). Ebenso schenkt nach einer wohl auch ungefähr dieser Zeit angehörigen Urkunde der Edle *Engilbertus de Sconeheringen* an dieselbe Kirche mehrere *ex hominibus suis cum omni proprietate et beneficiis sibi de feudo domini sui concessis, — ita, ut ipsi in familia sancti Stefani ius ministeriale et plenariam huius ordinis obtinerent conditionem* [2]). Darnach scheint also der Stellung der Milites der Edlen an fürstlichen Kirchen das Recht der Ministerialen zu entsprechen.

Dagegen kann es nun freilich bei obiger Annahme immerhin auffällig erscheinen, dass ein so weit verbreiteter, so lange und so consequent festgehaltener Sprachgebrauch ohne tiefere Begründung, ohne jede nothwendige innere Beziehung zur rechtlichen Natur der entsprechenden Klassen bestanden haben sollte. Der verschiedene Rang der Herren kann wohl natürlich auch eine Verschiedenheit im Range ihrer Mannen, nicht aber ebenso selbstverständlich auch eine verschiedene Bezeichnung derselben bedingen, wenn dieselben einander rechtlich wesentlich gleichgestellt waren. Wenn daher die an Rang gewiss bedeutend verschiedenen ritterlichen Unfreien der Grafen, Fürsten und des Reiches, eben in Folge ihres gleichartigen rechtlichen Charakters, unter einer Gesammtbezeichnung als Ministerialen zusammengefasst werden, während die eigenen Ritter der freien

---

[1]) Mon. Boica 28b S. 109.
[2]) Mon. Boica 29b S. 560, vgl. auch im Folgenden S. 16.

Herren und der Dienstmannen ebenfalls gleichmässig als Milites bezeichnet werden, so dürfte die Vermuthung doch nicht ganz unberechtigt erscheinen, dass dieser sprachliche Gegensatz auch auf irgend welche Verschiedenheit der rechtlichen Verhältnisse beider Klassen beruhen müsse, wenn dieselbe auch keine sehr bedeutende gewesen sein mochte.

2. Es scheint mir nun nicht unwahrscheinlich, dass der Unterschied zwischen den Ministeriales und den Milites wesentlich darin bestanden habe, dass die **Milites** einfach bewaffnete, zum **Kriegsdienst** verpflichtete und verwandte Unfreie waren, während bei den **Ministerialen zu dem Kriegsdienst** noch der für sie charakteristische, ehrenvolle **Hofdienst** in den bestimmten Hausämtern hinzutrat.

Darauf führt einmal schon die gewöhnliche Bezeichnung beider Klassen als Ritter und Dienstleute. Die Verpflichtung zum Kriegsdienst, die ritterliche Lebensweise, war wie die Unfreiheit beiden Klassen gemeinsam und darnach werden auch, wie die eigenen Mannen der Edlen und Ministerialen ausschliesslich, so auch die des Reiches, der Fürsten und Grafen sehr oft als Milites bezeichnet. Die andere und zwar regelmässige Bezeichnung dieser letzteren Personen als Ministeriales oder Dienstmannen ist nun aber abgeleitet von der neben der Kriegsdienstpflicht bestehenden Verpflichtung derselben zur Dienstleistung in den einzelnen Hofämtern, Ministeria oder Officia genannt [1]). Da nun die Bezeichnung Ministerialen als die dieser Klasse eigenthümliche und für sie unterscheidende erscheint, so dürfte auch der Rückschluss erlaubt sein, dass das durch dieselbe zum Ausdrucke gebrachte Moment eben als jene, für das Verhältniss der betreffenden Personenklasse speziell charakteristische, rechtliche Eigenthümlichkeit zu betrachten

---

[1]) Vgl. Fürth, Minist. S. 188 ff.

sei, welche dasselbe von anderen verwandten Dienstverhältnissen, also auch von dem der Milites oder einfachen Ritter, unterscheidet. Denn wäre für diese eine Verpflichtung zu solchen Hofdiensten in gleicher Weise bestanden, wie für die Dienstmannen höherer Herren, so wäre eine Einschränkung der entsprechenden Bezeichnung auf die letzteren durchaus unerklärlich und unbegreiflich.

Auch andere Umstände können eine solche Auffassung bestätigen, wonach eine Vereinigung der beiden Eigenschaften eines Kriegers und Hofbeamten nur bei dem Ministerial, nicht auch beim Miles zutraf. In den Quellen wird nämlich die wesentliche Verbindung der Hofdienste mit der Stellung des Ministerialen vielfach betont und diese zweite Hauptseite des Ministerialitäts-Verhältnisses, gerade jene, in welcher das besondere Ansehen, die Macht und der Einfluss der Ministerialen wurzelte, bestimmt hervorgehoben.

So bestimmt das Bambergische Dienstrecht: *A domino suo non constringantur, nisi ad quinque ministeria, hoc est aut dapiferi sunt, aut pincernae, aut marchalli, aut venatores* [1]). Ebenso heisst es im Kölner Dienstrecht: *Item singuli et omnes ministeriales ad certa officia curiae nati et deputati sunt* [2]). Das sächsische Lehnrecht sagt: *Na hoverechte sal jewelk dienstman geboren drüzste sin oder schenke oder marscalk oder kemerere* [3]); und entsprechend auch das schwäbische: *Nach hoverechte sol iegilih dienstman geborn truhsaeze sin, oder marschalc, oder kameraer, oder schenke* [4]). Dem gegenüber ist nun von derartigen Diensten der Milites am Hofe ihrer Herren nirgends die

---

[1]) Justitia Ministerialium Babenbergensium, § 6 (bei Fürth, Minist. S. 510).
[2]) Jura Ministerialium Coloniensium § 10 (Fürth. Minist. S. 516).
[3]) Sachsensp. Lehenr. 63 § 1.
[4]) Schwsp. Lehenr. § 111.

Rede. Ja, die Leistung der Hofdienste tritt ziemlich deutlich als unterscheidendes Merkmal des Ministerialitäts-Verhältnisses gegenüber der Stellung der Milites hervor in einer Urkunde vom Jahre 1194. Der *homo nobilis B. de Ellenbrechtskirchen* schenkt hier an die Passauer Kirche *homines suos honoratos, milites videlicet et dominas, quoscunque habuit — exceptis novem*, und zwar *iure, ut sint ministeriales ecclesiae*; darauf heisst es: *sicque recepti sunt a ministerialibus in compares et in officium dapiferi deputati*[1]). Die Zutheilung der neuen Ministerialen an ein Hofamt wird also besonders hervorgehoben und damit wohl als die charakteristische Eigenthümlichkeit ihrer neuen Stellung bezeichnet.

Noch bestimmter und überzeugender scheint mir aber eine andere Erscheinung auf die Hofdienste als Scheidungsgrund zwischen Ministerialen und Milites hinzuweisen: die hofdienstlichen Beziehungen der Ministerialen treten nämlich vielfach ausdrücklich zu Tage in den den einzelnen Namen derselben in den Urkunden beigefügten Bezeichnungen als Truchsess, Marschall, Kämmerer oder Schenk, während dagegen als Milites bezeichnete Eigenleute von Edlen oder Ministerialen, so viel mir wenigstens bekannt, niemals die Titel von Hofbeamten führen. Eine eingehende Untersuchung in dieser Beziehung ergibt nun[2]), dass überhaupt das Vorkommen von Hofbeamten, also die Führung von Hofämtern, genau an dieselbe Grenze gebunden scheint, wie das Vorkommen von Ministerialen. Der Schwabenspiegel scheint es zwar wohl als ein besonderes Vorrecht der Fürsten hinzustellen, dass sie mit vier Hofämtern gestiftet sind, die er ausdrücklich als „Fürstenämter" bezeichnet[3]).

---

[1]) Mon. Boica 28b S. 261.

[2]) Die im Folgenden aufgestellten Sätze stützen sich hauptsächlich auf die Untersuchungen des Herrn Hofrathes Professor Dr. Ficker am oben bezeichneten Orte.

[3]) Schwsp. Ldr. c. 69.

Dieser Satz bestätigt sich urkundlich jedoch nur insoweit, als, wie eine genauere Beobachtung zeigt, alle vier Hofämter in ihrer Vereinigung in der That nur an fürstlichen Höfen vorkommen. Einzelne Hofbeamte finden sich aber auch bei Grafen in verschiedener Anzahl sehr gewöhnlich genannt, am häufigsten Truchsess und Schenk, doch kommen auch die übrigen Aemter vor. Dagegen lassen sich nun Hofbeamte von einfachen Edlen oder gar von Dienstmannen, eben so wenig wie Ministerialen derselben nachweisen. Und zwar gilt dies für das südliche Deutschland, so viel ich weiss, ausnahmslos, während im Norden, insbesondere in Westfalen, in einzelnen Fällen Hofämter von Edlen erwähnt werden. So ein Truchsess der Herren von Breda und Gavre [1], Truchsess und Schenk der Herren von Heinsberg [2], ein Schenk der Herren von Isenburg [3], endlich Truchsess, Marschall und Kämmerer der edlen Herren von der Lippe [4]. Gerade in diesen Gegenden fanden wir aber früher auch einigemale Ministerialen von Edelherren genannt. Lässt nun schon das regelmässige Zusammenfallen des Vorkommens von Ministerialen und Hofämtern auf einen ursächlichen Zusammenhang beider Einrichtungen schliessen, so dürfte uns, wie ich glaube, diese auffallende Uebereinstimmung der Ausnahmen nach beiden Richtungen wohl auf das Klarste beweisen, dass es gerade und allein der Dienst in den Hofämtern ist, welcher den ritterlichen Eigenmann zum Dienstmann erhebt.

Allerdings werden auch bei den freien Herren und wohl auch bei einzelnen Ministerialen diese Dienste theilweise von bestimmten, unfreien Personen geleistet worden sein [5]; aber dieselben waren vielleicht nicht immer ritterliche

---

[1] Miraeus, Op. dipl. 2 S. 869, 874.
[2] Lacomblet, U. B. 2, n. 70.
[3] Günther, Cod. dipl. S. 340.
[4] Cod. dipl. Westfal. 3. S. 41, 186.
[5] Vgl. Fürth, Minist. S. 197.

Leute, da die Zahl der Milites eines Herrn oft nur eine sehr kleine gewesen sein dürfte, was noch mehr bei den ritterlichen Leuten der Ministerialen zugetroffen haben mag. Jedenfalls aber fehlten hier ständige, oberste Hofbeamte, da diese, wenn sie vorhanden waren, doch sicher auch, wenigstens hie und da, genannt wären und waren diese Dienste der Milites wohl nicht in der Weise organisirt und ausgebildet, nicht von derselben Bedeutung, wie bei den Ministerialen und treten als unwesentlich hinter die Kriegsdienste zurück, welche die eigentliche Bestimmung dieser Leute bildeten.

Könnten nun diese Umstände und Erwägungen eine solche Auffassung der Ministerialen und Milites rechtfertigen, so wäre demnach die Scheidung beider Klassen im Sprachgebrauche keine willkührliche, sondern würde auf einer bestimmten, gegebenen Verschiedenheit in den rechtlichen Verhältnissen derselben beruhen und sich so als wohlbegründet erweisen. Insoferne würde aber allerdings der Rang der Herrschaft als das eigentlich entscheidende Moment anzusehen sein, als nach dem Gesagten eben das Recht, Hofämter einzurichten, also auch ritterliche Hofdiener, das ist Ministerialen, zu halten, regelmässig nur den Fürsten und Grafen zustand, den einfachen freien Herren dagegen schon versagt war. Zeigte sich in Oesterreich eine Abweichung in der Bezeichnung der gräflichen Mannen, welche auf das Fehlen von Hofämtern und Hofdiensten auch bei Grafen hindeutet, so dürfte sich dieselbe vielleicht daraus erklären, dass hier als in einer Mark die alte Grafschaft fehlte, auf welche also das erwähnte Recht zurückzugehen scheint.

Demnach bedingt der Rang der Herren thatsächlich auch die verschiedene rechtliche Stellung und die Bezeichnung ihrer Mannschaft und es erscheint daher auch ganz erklärlich, wenn eine Scheidung unter den unfreien Rittern eines und desselben Herren sich nicht findet.

Die Möglichkeit freilich wäre bei solchen Verhältnissen nicht ausgeschlossen, dass bei einer zahlreichen ritterlichen Mannschaft eines Herrn nur bestimmte Geschlechter das Vorrecht genossen, die ehrenvollen Hofdienste zu versehen, während andere nur zu kriegerischen Zwecken, etwa als Besatzung von Burgen, verwendet wurden. Thatsächlich scheint dies im elften und zwölften Jahrhundert jedoch nicht vorgekommen zu sein, da nichtdienstmännische Milites weder von Fürsten noch von Grafen erwähnt, oder in den Zeugenreihen genannt sind. Dass dieselben als zu unbedeutend neben den Ministerialen nicht angeführt worden wären, kann schon deshalb nicht angenommen werden, da nicht selten verschiedene andere, selbst nicht ritterliche Unfreie niederen Ranges auf die Ministerialen folgen. Zweifeln könnte man bei einer Freisinger Urkunde von 1169, worin als Zeugen erscheinen: *De ministerialibus: Waltmannus et filius eius Friedericus de Holenstein* u. s. w. *milites: Waltmannus de Holenstein* u. s. w. [1]). Hier dürften wir es aber wohl wahrscheinlich mit Milites von Freisinger Ministerialen zu thun haben, wenn dies auch nicht ausdrücklich gesagt ist und dieselben in bischöflichen Urkunden gewöhnlich nicht aufgeführt sind. Doch spricht dafür namentlich die Gleichheit des Namens der an der Spitze der einzelnen Reihen stehenden Personen, da auch sonst öfter Milites von Ministerialen sich nach derselben Burg wie diese benennen. Unzweideutiger dagegen erscheint eine Passauer Traditionsurkunde, welche, wie insbesondere die sprachliche Form der Eigennamen schliessen lässt, ebenfalls dieser älteren Zeit angehört. Hier werden nacheinander als Zeugen genannt: vier *ministeriales comitis*, ein *R. miles comitis* und drei *servientes comitis* [2]). Aber diese Scheidung in der Mannschaft eines Grafen hat bei

---

[1]) Meichelbeck, Historia Frisingensis 1 S. 559.
[2]) Mon. Boica 29b S. 259.

dem Umstande, dass sich eine solche in dieser Zeit selbst bei Fürsten nicht einmal ausnahmsweise findet, immerhin viel Auffälliges.

Jedenfalls wird man in diesem Beispiele nur einen ganz singulären Ausnahmsfall erblicken dürfen, ohne einen allgemeinen Schluss ableiten zu können.

III.

1. Gründet sich, wie zu beweisen versucht worden, die sprachliche Unterscheidung zwischen Ministeriales und Milites auch schon von Anfang an auf eine rechtliche Verschiedenheit in den Dienstverhältnissen der unfreien Ritter, so erwies sich dieselbe doch nach dem früher Gesagten in älterer Zeit nach aussenhin von nicht sehr weittragender Wirksamkeit. Dagegen scheint nun seit der Mitte des dreizehnten Jahrhunderts eine bedeutende Aenderung und Umgestaltung in dem gegenseitigen Verhältniss von Dienstmannen und einfachen unfreien Rittern eingetreten zu sein und zwar in der Weise, dass diese Klassen in auseinandergehender Entwickelung sich immer strenger von einander schieden und sich ein schärferer und wirksamerer rechtlicher Gegensatz zwischen denselben herausbildete, der in Quellenzeugnissen aus der zweiten Hälfte des dreizehnten Jahrhunderts bestimmt hervortritt.

So deutet es vor Allem auf einen wesentlichen Standesunterschied, wenn in dieser Zeit die Ehen zwischen Ministerialen und Milites als unebenbürtig angesehen werden. Diese Anschauung spricht sich auf das Deutlichste aus in zwei unter König Rudolf I. in Oesterreich entstandenen Formeln, in welchen der König Kinder *talis Ministerialis talis Ecclesiae et talis Mulieris condicionis et generis militaris* in den Stand der Ministerialen erhebt: *iuri et paternis naturalibus restituimus volentes, quod, non obstante humiliore suae matris condicione, iuribus, libertatibus et honoribus Ministerialium praedictae ecclesiae fruatur et gaudeat* [1]). Darnach trat also bei solchen gemischten Ehen der Grundsatz ein: „das Kind folgt der ärgern Hand". Der Ritterstand, die *conditio militaris*, wird ausdrücklich als eine *humilior conditio* bezeichnet, und zwar ist er so bedeutend niedriger als der Stand der Ministerialen, dass eine königliche Standeserhöhung nothwendig erscheint, um aus jenem in diesen übertreten zu können.

Damit scheint es nun allerdings nicht übereinzustimmen, wenn 1256 die Edlen von Arnsperg bekunden, dass mit ihrer Zustimmung die *filia domini O. militis dicti de Z., que nos iure proprietatis respicit*, sich mit einem Ministerialen des Herzogs von Baiern verheiratet habe, so dass die Kinder zwischen ihnen und dem Herzog getheilt werden sollen [2]).

Wurden nun die dem Herzog zufallenden Kinder Ministerialen desselben, so würde dies die in den erwähnten Formeln enthaltene Anschauung wenigstens für Baiern nicht bestätigen. Allein einmal kommt hier in Betracht, dass diese Urkunde gerade der Mitte des dreizehnten Jahrhunderts, also einer ziemlich früheren Zeit angehört, als die Formeln und dass auch angenommen werden kann, dass die Ausbildung eines bestimmteren Gegensatzes zwischen Ministerialen und Milites nicht überall gleich früh und schnell erfolgt sein wird.

Weiter aber ist man gar nicht gezwungen, die Theilungsbestimmung in dem obigen Sinne zu verstehen. Hatten, wie wir später sehen werden, die Herzoge von Baiern neben ihren Ministerialen auch Milites oder einfache ritterliche Unfreie, und ist ferner über das Schicksal der dem Herzoge zufallenden Kinder nichts Bestimmtes gesagt, so steht auch der Annahme nichts im Wege,

---

[1]) Oesterreichisches Archiv 14 S. 327.
[2]) Scheidt, Nachrichten vom Adel S. 497.

dass dieselben nicht in die Ministerialität, sondern in die Ritterschaft des Herzogs eintraten, so dass uns also diese Stelle nicht hindern muss, die allgemeine Geltung des in den Formeln ausgesprochenen Grundsatzes anzunehmen.

Auch der Schwabenspiegel enthält sodann Bestimmungen, aus welchen sich auf eine schärfere, rechtliche Scheidung der ritterlichen Eigenleute von den Dienstmannen schliessen lässt. Kann die Festsetzung einer niederen Morgengabe für den Eigenmann, der Ritter ist [1]), wohl auch überhaupt nur in dem geringern Ansehen dieser Leute ihren Grund haben, wie ja auch für die Mittelfreien ein eigener Satz aufgestellt ist, obgleich sie trotzdem mit den Höchstfreien eine landrechtliche Klasse bilden [2]), so wird, wie ich glaube, einer andern Stelle mehr Gewicht beizulegen sein, welche über die verschiedenen Folgen der Freilassung von Eigenleuten und Dienstmannen handelt. Dieselbe lautet: *Lat ein herre sinen eigen man vri, der behebet vrier lantsaezen reht; er mac fvrbas niht an siner vriheit komen. Vnd lat ein leigen fvrste sinen dienstman vri, der von ritterlicher art geborn ist, die behaltent mitel vrien reht* [3]).

Freilich kann es hier zweifelhaft erscheinen, ob wir unter dem *eigen man* uns auch einen ritterlichen zu denken haben, wenn derselbe Landsassen Recht erhält, da der Schwabenspiegel diese Klasse ausdrücklich als eine bäuerliche bezeichnet [4]), während der unfreie Ritter doch gewiss auch nach seiner Freilassung Ritterbürtigkeit und ritterliche Lebensweise behalten haben wird; auch der den Dienstmann charakterisirende Zusatz: *der von ritterlicher art geborn ist*, scheint als Gegensatz einen nicht ritterlichen Eigenmann vorauszusetzen. Allein, dann wäre einmal über die Stellung freigelassener ritterlicher

---

[1]) Schwsp. Ldr. c. 18.
[2]) Vgl. Ficker, Vom Heerschild S. 145 ff.
[3]) Schwsp. Ldr. c. 156.
[4]) Schwsp. Ldr. Vorrede h.

Leute von freien Herren gar nichts gesagt, was immerhin befremden könnte. Zudem werden wir bei dem Umstand, dass wir in den sonst den fürstlichen Dienstmannen oft entgegengesetzten Eigenleuten der freien Herren [1]) wohl regelmässig in erster Linie ritterliche Unfreie zu sehen haben, von vorneherein auch hier denselben Gegensatz vermuthen dürfen. Man wird also jedenfalls zum Mindesten annehmen können, dass unter den Eigenleuten der Herren sowohl die ritterlichen als die bäuerlichen begriffen sind, da der Schwabenspiegel zwischen denselben bei den freien Herren überhaupt im Ausdruck nicht unterscheidet. Auch würde im Falle, dass man hier nur bäuerliche Unfreie sehen wollte, der Zusatz: *er mac furbas niht an siner vriheit komen* vollkommen überflüssig und sinnlos erscheinen, da es überhaupt gar nicht abzusehen und völlig undenkbar wäre, wie ein bäuerlicher Eigenmann durch die Freilassung in einen andern als den alle nicht ritterlichen Freien umfassenden Stand der freien Landsassen eintreten sollte. Noch unverständlicher und unpassender erschiene aber die in manchen Handschriften des Schwabenspiegels hinzugefügte Begründung dieses Zusatzes: *Und ist das davon das er eygen ist gewesen* [2]). Also nicht, wie man in diesem Falle doch erwarten müsste, der Mangel der Ritterbürtigkeit wird als Hinderniss für die Erlangung eines höheren Standes angegeben, sondern die „Eigenschaft", welche ja die nothwendige Voraussetzung jeder Freilassung bildet. Auf den bäuerlichen Unfreien bezogen geben diese Bemerkungen also keinen vernünftigen Sinn. Dies ist nicht ebenso der Fall, wenn wir annehmen, dass vom ritterlichen Eigenmann, dem Miles, die Rede ist. Einmal muss bei dieser Auffassung die vorgetragene Bestimmung allerdings auffallen, da ja sonst Freiheit und Ritterbürtigkeit schon

---

[1]) Vgl. S. 3 Anm. 2.
[2]) Schwsp. Ldr. (ed. Senkenberg, Corpus iuris Germ. 2. B) c. 56 § 2.

den Stand der freien Herren bedingten, und es ist daher eine nähere Erklärung wohl am Platze. Wenn nun als Grund für die verschiedenen Folgen der Freilassung bei den Dienstmannen der Fürsten und den ritterlichen Eigenleuten der freien Herren die „Eigenschaft" der letzteren bezeichnet wird, obgleich der Schwabenspiegel auch die Eigenschaft der Dienstmannen anerkennt[1]), so könnte man hier darunter im prägnanten Sinne eben vielleicht die eigenthümlichen rechtlichen Verhältnisse jener Personenklasse verstehen, die derselbe ja auch stets insbesondere Eigenleute gegenüber den Dienstmannen zu nennen pflegt. Es würde sich demnach aus dieser Stelle eine Verschiedenheit der rechtlichen Lage beider Klassen ergeben und zwar eine so bedeutende, dass dieselbe auch nach Aufhebung des Unfreiheitsverhältnisses noch von entscheidender Wirksamkeit wäre. Wie dies nun der Fall sein konnte, werde ich an einem spätern Orte zu erklären versuchen, wo noch des Näheren auf diese Stelle zurückzukommen ist.

2. Beachtenswerth scheint mir auch eine andere Thatsache, die uns ebenfalls auf eine Veränderung des Verhältnisses von Ministerialen und Milites hinweisen kann. Im Gegensatz zur früheren Zeit lässt sich nämlich seit der zweiten Hälfte des dreizehnten Jahrhunderts das Bestehen einer **Zweitheilung der unfreien ritterlichen Mannschaft eines und desselben Herrn** in Dienstmannen und ritterliche Eigenleute niederen Ranges mehrfach nachweisen, wornach also der Rang der Herrschaft auf keinen Fall mehr das allein ausschlaggebende Moment bei der Unterscheidung dieser Klassen sein kann.

Wenn es in einem Vertrage der baierischen Herzoge mit dem Erzbischof von Salzburg im Jahre 1254 heisst: *Ipsi quoque duces cesserunt et renuntiaverunt omni questioni, quam ecclesie nostre moverunt super quibusdam*

---
[1]) Schwsp. Ldr. c. 68, 308.

hominibus, ministerialium nomen habentibus et super aliis hominibus, nomen habentibus militare [1])*,* so geht aus dieser Stelle offenbar hervor, dass die unfreien Mannen der Salzburger Kirche in zwei Klassen geschieden waren, in Ministerialen und Milites.

Derselbe Schluss kann sich für die Mannschaft der Herzoge von Baiern ergeben, wenn dieselben in einem andern Vertrage ebenfalls mit Salzburg vom Jahre 1275(95) dem Erzbischof versprechen: *quod si quam habuerit actionem contra ministeriales aut personas militares, vel aliquem ex eis, de qua scilicet actione iudicium nostre competat ditioni, super illa — plenam exhibebimus iusticiam;* wogegen *et hoc idem nobis dominus archiepiscopus de suis ministerialibus et hominibus exhibebit* [2]). Auch andere Stellen bestätigen eine solche Scheidung der baierischen unfreien Leute. In einer Taidigung zwischen den Herzogen Ludwig und Otto aus dem Jahre 1293 heisst es: *unser suen und unser brueder, dinstman, ratgeben, ritter und richter* [3]); eine baierische Hofordnung von 1294 enthält die Bestimmung: *So suln zwen uz den dienstmannen, die auch allwege dabi soln sin nach unser voderung X pfaerst haben und nicht mer. So suln zwen hofritter, die wir darzuo benennen nach unsers rates rat VI pfaerst haben und nicht mer.* Vorausgehend wird bestimmt, dass auch einer von den *lantherren* allezeit bei Hofe sein solle [4]). In einer Urkunde über die Theilung Oberbaierns zwischen den Herzogen Rudolf und Ludwig von 1310 wird festgesetzt, was einzutreten habe, wenn *auz ir aintweders tail dez andern dienstman, ritter oder rittermaezzig chnecht oder purger ein hausfrawen nimet* [5]).

---

[1]) Quellen u. Erörterungen, 5 S. 130.
[2]) Quellen u. Erört. 5 S. 282.
[3]) Quellen u. Erört. 6 S. 32.
[4]) Quellen u. Erört. 6 S. 53.
[5]) Quellen u. Erört. 6 S. 168.

Auch in Oesterreich findet sich neben den herzoglichen Ministerialen eine Klasse ritterlicher Eigenleute des Herzogs. In dem österreichischen Landfrieden vom Jahre 1251 wird verordnet: *Wir wellen auch und setzen vier Lantrichtaer, — di suln richten alle chlag, di fur si choment, ân uber dienstman leib und aeigen und lehen. — Uber Rittaer und uber chnecht, di unser sint, oder unser dinst man aeigen sint, oder swes si sint, da sol der lantrichter uber richten uber leip und uber guot als reht ist* [1]). Eine von den Dienstmannen verschiedene Klasse der *ritter und chnappen, die zu dem lande gehoren*, also herzoglicher Eigenleute, wird mehrfach erwähnt [2]).

Ministerialen und Milites eines Grafen finden wir auch in dieser Zeit, soviel mir bekannt, nicht nebeneinander genannt, doch mögen solche Fälle immerhin vorgekommen sein. Nach den angeführten Zeugnissen kann es aber als unzweifelhafte Thatsache hingestellt werden, dass sich in der zweiten Hälfte des dreizehnten Jahrhunderts unter den unfreien Mannen der Fürsten häufig, wenn auch vielleicht nicht überall, eine besondere, von den Ministerialen scharf geschiedene Klasse unfreier Ritter niederen Ranges vorfindet.

Dem entspricht auch vollkommen eine Bestimmung des Schwabenspiegels über die Stellung eigener Leute freier Herren, welche an ein Fürstenamt geschenkt werden. Es heisst hier: *Vnd git ein vrier herre sin eigen livte an ein fvrsten ampt, die sint nit dienstman, si sint des fvrsten eigen, si hant dienstmanne reht nit* [3]). Unter den Eigenleuten werden hier jedenfalls ritterliche Leute, die Milites der freien Herren, zu verstehen sein, da überhaupt nur bei diesen der Gedanke naheliegen konnte, sie den Ministerialen gleichzustellen, während es bei bäuerlichen Unfreien nicht erst

---

[1]) Oesterr. Archiv 1, 1 S. 19.
[2]) Oesterr. Landrecht (Wiener Handschrift, abgedruckt bei Hasenöhrl), § 54, U. B. des Landes ob der Enns 3 S. 580.
[3]) Schwsp. Ldr. c. 70

einer so nachdrücklichen, zweimaligen Hervorhebung des Gegentheiles bedurft hätte, indem diese selbstverständlich, namentlich seit der vollständigen Abschliessung eines ritterlichen Geburtsstandes, nicht das Recht einer ritterlichen Standesklasse erhalten konnten. Während also in früherer Zeit, entsprechend dem einheitlichen Charakter der unfreien Mannschaft eines Herren, Milites von Edlen, im Falle sie an einen Fürsten geschenkt wurden, ohne besondere Schwierigkeiten regelmässig in die Ministerialität desselben eintraten [1], wird hier ein anderer Grundsatz ausgesprochen, dessen Voraussetzung oder Folge eben eine Trennung der unfreien Ritter eines Fürsten in zwei scharf geschiedene Klassen ist. Und zwar wird an dieser Stelle als das Trennungsmoment ausdrücklich das verschiedene Recht beider Klassen bezeichnet [2].

3. Haben wir im Vorangegangenen einzelne Momente in's Auge gefasst, welche eine selbständige Gestaltung des Rechtes der niederen ritterlichen Eigenleute und eine schärfere Abgrenzung desselben von dem der Ministerialen gegen Ende des dreizehnten Jahrhunderts zu bekunden scheinen, so stimmt es auffallend mit einer solchen Ansicht, dass sich gerade um dieselbe Zeit ein **stärkeres und bestimmteres Hervortreten dieser niederen Klasse unfreier Ritter** in den süddeutschen Rechtsquellen nachweisen lässt. Und zwar erscheinen sie jetzt nicht mehr wie früher blos in Beziehung zu einer bestimmten Herrschaft, sondern **als ein eigener abgeschlossener Stand**, der bei Aufzählung der Reihe der ritterlichen Ständeklassen, in der Regel unter der

---

[1] Vgl. oben S. 18.

[2] Diese Stelle widerspricht also offenbar jenem Satze im Schwsp. Ldr. c. 308, welcher einen rechtlichen Unterschied zwischen den Eigenleuten der freien Herren und den fürstlichen Dienstmannen nicht anzunehmen scheint, wenn gesagt wird: *Alle dienest livte heizzent mit rehte eigen livte; wen eret si mit disem namen, dar vmbe daz si der fvrsten eigen sint.*

Bezeichnung Milites und Clientes, Ritter und Knechte auf die Dienstmannen folgt.

Am frühesten tritt dieser niedere „Ritterstand", wie man ihn im Anschlusse an den Sprachgebrauch der Quellen kurzweg nennen kann, in österreichischen Urkunden hervor, in welchem Lande sich der Unterschied zwischen Dienstmannen und Milites überhaupt ganz besonders bestimmt und scharf ausgebildet zu haben scheint. So finden wir schon 1245 in der Urkunde über die Erhebung Oesterreichs zum Königreich gelegentlich die ritterlichen Stände des Landes als *comes, nobilis aut ministerialis vel miles* aufgeführt [1]); ebenso heisst es in einer Urkunde König Rudolfs vom Jahre 1282: *universis comitibus, nobilibus, ministerialibus, militibus, clientibus et vassallis Austrie* [2]).

Auch in baierischen Urkunden treffen wir schon seit Ende des dreizehnten Jahrhunderts nach den Ministerialen nicht selten den Stand der Milites oder Ritter genannt. So sagt ein Landfrieden von 1264: *Religiosus, prelatus, clericus, comes, liber, fassallus, ministerialis, castrensis, miles, oppidanus, civis, rusticus gaudebunt pace* [3]). Im Jahre 1274 trägt König Rudolf den Bischöfen von Salzburg, Regensburg und Passau auf, *cum baronibus, comitibus, liberis, ministerialibus, militibus et communitatibus civitatum* zu verhandeln [4]). In einer Urkunde von 1282 werden die Stände von Baiern und Schwaben mehrmals als Nobiles, Milites und Civitates aufgezählt, nur einmal heisst es deutlicher: *nobiles, ministeriales, milites et civitates Swevie* [5]). Besonders häufig wird diese Ordnung in den baierischen Urkunden erst im Be-

---

[1]) Huillard-Breholles, Hist. dipl. 6 S. 302.
[2]) Herrgott, Monumenta 1 S. 216; siehe auch die Beispiele bei Hasenöhrl, Oesterr. Landr. S. 71, 80.
[3]) Quellen u. Erört. 5 S. 201, 202.
[4]) Mon. Boica 29b S. 509.
[5]) Quellen u. Erört. 5 S. 856, 857.

ginne des vierzehnten Jahrhunderts. Im Jahre 1307 heisst es in einer Urkunde: *den herren, den prelaten, grafen, vreien, dienstmannen, rittern, rittermaezzigen mannen auf dem land und in den steten, den purgern, den pauleuten, den steten und den maercgten* u. s. w.[1]); in dem ersten ständischen Freiheitsbriefe von 1311 findet sich mehrmals folgende Ordnung der Stände: *grafen, freyen, dienstmann, ritter (oder) chnecht*[2]); in einer Urkunde von 1317 lautet die Reihe: *grafen, freyen, dynstman, ritter und chnechte, amptleut, burger*[3]); in einer anderen von 1324: *graff, frey, dienstmann, ritter, knecht, purger*[4]). Ebenso in späteren ständischen Freiheitsbriefen von 1341 und 1347[5]) und vielen anderen Urkunden[6]) der nächsten Zeit.

Auch grössere Rechtsaufzeichnungen dieser Zeit kennen diesen Stand. In dem Stadtrechtsbuche des Ruprecht von Freising werden die „Ritter" an mehreren Stellen als ein eigener, den Dienstmannen untergeordneter Stand erwähnt. Bei Behandlung der verschiedenen Fälle des Todtschlages wird unter Anderem bestimmt: *Chumbt ain dinstman, der den sechstenn herschild hebt, in ein stat und tuet darjnn ein todschlag und wirt darüber gefanngenn, so sol in der richter behalltnn* u. s. w. *Alzo sol man auch richttnn hintz dem ritter; der ist darumb gesetztt, das sich dye ritter unnd dye dinstman huetnn sullenn vor unzucht in den stetenn.* In dem folgenden Kapitel wird dann der Fall behandelt: *Ob ain freyer herr ain mort tuet.* Das nächste Kapitel sodann mit der Aufschrift: *Ob ain purger ain Ritter tött*, lautet: *Schlecht*

---

[1]) Quellen u. Erört. 6 S. 146.
[2]) Quellen u. Erört. 6 S. 183, 184, 185, 189.
[3]) Quellen u. Erört. 6 S. 252.
[4]) Quellen u. Erört. 6 S. 285.
[5]) Quellen u. Erört. 6 Nr. 309, S. 375 ff. u. Nr. 317, S. 392 ff.
[6]) z. B. Mon. Boica 28b S. 430; Quellen u. Erört. 6 Nr. 74 S. 295, Nr. 276, S. 298, Nr. 277 S. 299 ff. u. s. w.

*aber ein burger ein dinstmann oder ain Ritter
unnd wirt er darumb gefanngenn, unnd wil er notwer darumb pringnn, dy sol er pringnn mit mannen und mit
frauenn nicht. Daz ist darumb gesetztt, das dj dinstman unnd dy ritter zu aller zeit gernn sind bey erbergnn leutenn* ¹). Dienstmannen und Ritter erscheinen
also hier zwar als verwandte, aber doch vollkommen getrennte, selbständige Klassen. Da neben ihnen noch die
freien Herren besonders aufgeführt werden, so kann der
unfreie Charakter dieser Ritter wohl nicht bezweifelt
werden. Eine ausdrückliche Bestätigung der Unfreiheit
dieser Klasse könnte man vielleicht in einem andern
Kapitel des Stadtrechtsbuches finden, welches nach der
Titelrubrik *von aigner man lehen* handelt ²), während
früher *von dinstmanns lehen* gesprochen wurde ³). Da
man nach dem ganzen Inhalt der Stelle offenbar an ritterliche Leute denken muss, so dürfte darunter nur die
sonst als Ritter bezeichnete und den Dienstmannen nachgesetzte Klasse zu verstehen sein, in welchem Falle ein
engerer Anschluss an den Sprachgebrauch des Schwabenspiegels ersichtlich wäre.

Ganz entsprechend den urkundlichen Zeugnissen
sehen wir weiter auch im österreichischen Landrecht
diese unterste ritterliche Standesklasse deutlich hervortreten ⁴) und zwar an manchen Stellen unter der gewöhnlichen Bezeichnung als Ritter und Knappen ⁵), an
anderen aber unter der gleichbedeutenden als **sendmaessige Leute** ⁶).

---

¹) Ruprecht von Freising (ed. Maurer), Stadtrechtbuch c. 26, 27, 28.
²) Rupr. v. Freising, Stadtrb. c. 92; vgl. Maurer S. 340, Anm. 11.
³) Rupr. v. Freising, Stadtrb. c. 86.
⁴) Vgl. Hasenöhrl a. a. O. S. 77 ff.
⁵) Oesterr. Landr. § 48, 54.
⁶) Oesterr. Landr. (Ausgabe v. Hasenöhrl) Art. 41, 45; § 30, 44.

Wenn nun Hasenöhrl, ausgehend von der herkömmlichen Annahme einer Scheidung der ritterlichen Freien in die zwei landrechtlichen Klassen der hohen und der gemeinen Freien, in welchem Sinne man auch die Semper- und Mittelfreien der süddeutschen Rechtsbücher aufzufassen pflegte [1]), in dem österreichischen Ritterstande des Landrechtes wie der Urkunden eben jene angeblich den Mittelfreien entsprechende Klasse ritterlicher Gemeinfreier erblickt [2]), so dürfte die Unrichtigkeit dieser Ansicht nach unseren vorangegangenen Untersuchungen kaum mehr einem Zweifel unterliegen, da ja die Identität dieses Ritterstandes mit den älteren unfreien Milites wohl gar nicht in Frage gezogen werden kann. Allein, sogar ganz abgesehen davon, ergibt sich die Unmöglichkeit obiger Auffassung auch schon aus anderen Gründen.

Einer Identificirung der österreichischen Rittermässigen mit den Mittelfreien des Schwabenspiegels stellt sich einmal schon entschieden der Umstand entgegen, dass diese beiden Klassen in der Ständeordnung der betreffenden Quellen eine ganz verschiedene Stellung einnehmen. Während nämlich die Ritter in Oesterreich den Dienstmannen an Rang unbedingt nachstehen, erscheinen die Mittelfreien des Schwabenspiegels denselben ebenso bestimmt in jeder Beziehung untergeordnet. Der Versuch, diese Schwierigkeiten zu beheben und den Widerspruch einfach durch die Annahme zu erklären, dass man in Oesterreich eine von den im übrigen Deutschland abweichende Entwicklung der ständischen Verhältnisse zu erkennen habe, zeigt sich als völlig unhaltbar. Erscheinen schon an und für sich die Gründe für eine solche Annahme als kaum genügend, so fällt diese Hypothese dadurch nothwendig zusammen, dass wir es ja thatsächlich

---

Ueber die identische Bedeutung der Ausdrücke sendmaessig und rittermässig in Oesterreich vgl. Hasenöhrl a. a. O. S. 79—84.

[1]) Vgl. Gochrum, Ebenbürtigkeit 1 S. 187 ff. u. 207.
[2]) Vgl. Hasenöhrl a. a. O. S. 83, 84.

bei diesem, den Dienstmannen untergeordneten Ritterstande keineswegs mit einer spezifisch österreichischen Erscheinung zu thun haben. Derselbe kommt vielmehr, wie wir gesehen, ganz in derselben Weise auch in Baiern und, wie es scheint[1]), auch in Schwaben vor. Nun müssen wir aber doch gewiss wenigstens für Baiern und Schwaben die Darstellung des Schwabenspiegels als zutreffend betrachten, mit welcher sich eben die Annahme einer freien, unter den Dienstmannen stehenden, ritterlichen Personenklasse auf keinen Fall, sehr wohl aber, wie gezeigt wurde, die eines unfreien Ritterstandes in der bezeichneten Stellung vereinigen lässt.

Ueberdies wird aber jeder Zweifel über den Charakter des österreichischen Ritterstandes schon dadurch vollends beseitigt, dass derselbe auch in österreichischen, also gewiss competenten Quellenzeugnissen, in unzweideutiger Weise als unfrei bezeichnet wird. Dies ist der Fall in der schon erwähnten Stelle des Landfriedens vom Jahre 1251, wo von den Rittern und Knechten gesprochen wird, *di unser sint* (des Herzogs) *oder unser dinst man aeigen sint oder swes si sint* [2]). Ebenso deutlich spricht auch das österreichische Landrecht selbst: *die Ritter und knappen, die zu dem land gehoren oder die Bischof angehorent oder andre gotzheuser oder die herren von dem land* [3]).

Es erweist sich also dieser Ritterstand als ein dem ganzen Süden angehöriges Glied der ständischen Ordnung. Was den Umfang desselben betrifft, so umfasste er nun sowohl die ritterlichen Eigenleute der freien Herren und Dienstmannen, als auch die nichtdienstmännischen ritterlichen Unfreien der Fürsten, was unter Anderem auch aus den beiden letztcitirten Stellen deutlich erhellt.

---

[1]) Vgl. oben S. 29 zu Anm. 5.
[2]) Oesterr. Archiv 1, 1 S. 59.
[3]) Oesterr. Landr. § 54.

4. Wir fanden bisher die Klasse der niederen ritterlichen Eigenleute regelmässig und eigentlich als Milites, Ritter, vereinzelt als sendmässige Leute bezeichnet. Daneben scheinen aber auch noch **andere Bezeichnungen dieses Standes** in Gebrauch gewesen zu sein, Ausdrücke, mit denen man bisher einen anderen, wie ich glaube, unrichtigen Sinn verbunden hat.

Ein solches Missverständniss scheint mir einmal obzuwalten bezüglich des an einigen Stellen erwähnten Ausdruckes **Nobiles mediocres**. Im Sinne der obenerwähnten Eintheilung der ritterlichen Freien fasste man die so bezeichnete Personenklasse als zusammenfallend mit den Mittelfreien der Rechtsbücher, als einer besonderen Klasse ritterbürtiger Gemeinfreier. Dagegen glaube ich, dass wir in den Nobiles mediocres keineswegs freie Personen, sondern gerade jenen niederen unfreien Ritterstand zu erblicken haben. Die Begründung dieser Ansicht wird jedoch eine nähere Betrachtung der bezüglichen Stellen erfordern. Es sind dies hauptsächlich folgende zwei; die eine lautet: *quidam de genere mediocrum nobilium, videlicet de genere clientelae vel de simplici milicia exorti, in possessionibus nostris castella vel munitiones nobis invitis erexerunt* [2]); die andere aus dem Stiftungsbuche des Klosters Zwettel: *Quintum librum ex hijs privilegiis intendimus coadunare; quos ex quinque loculis burse zwetlensis monasterij potuerimus congregare, videlicet ex loculo, ubi reponuntur privilegia abbatum et prelatorum, ex loculis ministerialium, ex loculo nobilium dominorum, ex loculo mediocriter nobilium, scilicet militum vel clientum, ex loculo civium et aliorum proborum* [3]). Dass man nun in der ersten Stelle unter den *mediocres nobiles* freie Lehensmannen zu sehen habe, da-

---

[1]) Gochrum, Ebenbürtigkeit S. 288, 289.
[2]) Ludewig, Reliquiae manuscr. 4 S. 110, 111.
[3]) Fontes rer. austriac. II. 3 S. 317.

gegen scheint mir schon der Ausdruck: *in possessionibus nostris* zu sprechen, da man dabei wohl nicht an eigentliche Lehengüter denken kann; in der zweiten Stelle jedoch liegt es allerdings auf den ersten Blick nahe, in den *nobiles domini* und den *mediocriter nobiles* nach ihrer Stellung und Bezeichnung die freien Herren und Mittelfreien der süddeutschen Spiegel zu suchen. Allein, wenn man eine solche Bedeutung der Nobiles mediocres annimmt, müsste es doch immer sehr sonderbar bleiben, dass dieser ganze niedere Adel nur an so wenigen Stellen Erwähnung fände, während die grosse Masse der süddeutschen Urkunden ihn nicht zu kennen scheint [1]).

Ein sehr deutlicher Fingerzeig für die Auffassung dieser Nobiles mediocres scheint mir aber in den, in beiden Stellen dieser ungewöhnlichen Bezeichnung gleichsam zur Erklärung beigefügten Zusätzen: *videlicet de genere clientelae vel de simplici militia exorti* und *scilicet militum vel clientum* zu liegen. Wird damit an und für sich nichts anderes ausgedrückt, als dass die betreffende Klasse sich zusammensetze aus Rittern und solchen Ritterbürtigen, welche den Ritterschlag noch nicht empfangen haben [2]), so wird eine solche Scheidung zwar sicher auch bei einem Stande ritterbürtiger Gemeinfreier, ebenso wie bei jeder andern ritterlichen Klasse zutreffen. Nun soll aber ersichtlich gerade durch diesen Zusatz die Klasse der Nobiles mediocres in gemeinverständlicher Weise charakterisirt und von den anderen

---

[1]) In der bei Goehrum, Ebenb. 1 S. 237 und Hasenöhrl a. a. O. S. 85 angezogenen Stelle aus der Vita Chunradi I. Archiep. Salisburg. c. 6 (Pez, Thesaurus anecdot. 2, 3 S. 230): *faventibus et cooperantibus tam principibus atque inferioris ordinis nobilibus, hominibus ecclesie, quam etiam ministerialibus* kann diese Bedeutung der *nobiles inferioris ordinis* wohl nicht angenommen werden; vielmehr sind darunter jedenfalls nur die von der Kirche belehnten freien oder edlen Herren im Gegensatz zu den Fürsten zu verstehen.

[2]) Vgl. Fürth, Minist. S. 80, 81.

ritterlichen Ständen unterschieden werden. Kennen wir nun die Ausdrücke Milites und Clientes, Ritter und Knappen, gerade als die gewöhnliche und eigenthümliche Bezeichnung des niederen unfreien Ritterstandes, so deuten jene Zusätze, wie ich glaube, bestimmt genug darauf hin, dass wir auch in den Nobiles mediocres dieselbe Personenklasse zu erkennen haben.

Und eine solche Auffassung verträgt sich auch nicht blos besser als jede andere mit dem Sinne der angeführten Stellen, sondern ergibt sich auch offenbar überall, wo sonst noch von Nobiles mediocres die Rede ist. Dies ist der Fall in einer Stelle aus der Chronica Ludovici IV. Imperatoris, wo es heisst: *Placuit matri et omnibus nobilibus inferioris Bavariae, quod dominus Fredericus magnificus dux Austriae (esset tutor). E contra displicuit omnibus civitatibus et civibus et mediocriter nobilibus superioris Bavariae;* und später: *Ipsi nobiles prae dolore et confusione nimium lamentantes; sed cives et omnes civitates cum omnibus mediocriter nobilibus in hoc supra modum gaudentes* [1]). Hier werden also die *mediocriter nobiles* in bestimmten Gegensatz gebracht zu den eigentlichen *nobiles* und mit den Bürgern und Städten zusammen, ja, diesen sogar nachgestellt. Eben diese Zusammenstellung mit den Bürgern scheint mir wieder entschieden die Ansicht zu bestätigen, dass die als *mediocriter nobiles* bezeichneten Leute nichts anderes sind, als die bekannten unfreien Ritter und Knechte, auf welche ja auch in der Reihe der Stände gewöhnlich unmittelbar die Bürger der Städte folgen [2]) und welche wir anderwärts ebenfalls mit diesen zusammen den höheren Ständen, wozu auch die Dienstmannen gehören, gegenübergestellt finden. Dies tritt besonders deutlich hervor

---

[1]) Pez, Scriptores Austriae 2 S. 417, 418.
[2]) Vgl. die oben S. 29, 30 angeführten Beispiele. Auch der Schwabenspiegel stellt Ldr. c. 18 den Eigenmann, der Ritter ist, und den Kaufmann zusammen.

in einer Erklärung, welche im Jahre 1277 von den österreichischen Städten und Rittern abgegeben wurde: *Wir die Stete und Ritter und chnappen von dem lande ze Osterrich tuon chunt* u. s. w. Diese beiden Stände treten hier durchaus als zusammengehörig auf und werden streng von den Landherren, worunter Grafen, freie Herren und Dienstmannen zu verstehen sind [1]), geschieden: *die lantherren und wir, die Stet, Ritter und chnappen* [2]). Ich glaube also, dass wir auch in obiger Stelle denselben Gegensatz anzunehmen berechtigt sein dürften. Denn, wenn es auch denkbar scheint, dass hier auch die Dienstmannen zu den *mediocriter nobiles* gehörten [3]), so würde doch eine solche Auffassung der Entstehungszeit dieser Stelle, wo die Dienstmannen den freien Herren schon viel näher standen als den niederen unfreien Rittern, nicht mehr ganz entsprechen.

An einer anderen Stelle des genannten Zwettler Stiftungsbuches finden sich ferner *subditi nobiles seu mediocres* der Herren von Falkenberg genannt [4]). Freie Vassallen kann man darunter nicht verstehen, da solche doch nicht als *subditi* bezeichnet werden konnten; man wird in denselben vielmehr wieder ritterliche Unfreie sehen müssen, und zwar, da freie Herren Ministerialen nicht haben konnten, eben die sonst als Milites bezeichneten Leute [5]).

---

[1]) Vgl. im Folgenden S. 65.
[2]) U. B. des Landes ob der Enns 3 S. 580, 581.
[3]) Goehrum, Ebenb. 1 S. 240, sieht sich hier veranlasst, den Begriff der *mediocriter nobiles* in diesem weiteren Sinne zu verstehen, da er die Dienstmannen doch als eine niedrigere ritterliche Klasse als die ritterlichen Gemeinfreien betrachtet, jene also unter den *nobiles* nicht einbegriffen sein könnten
[4]) Fontes, rer. austr. II. 3 S. 484.
[5]) Dieselbe Erklärung dürfte zweifellos auch bei der folgenden von Hasenöhrl a. a. O. S. 85 angeführten Stelle aus einer Urkunde von 1267 (Fontes rer. austr. II. 31 S. 289) zutreffen, welche lautet: *Ch. de Niwenburch vendidit castrum et praedia Herrantstein*

5. Stellt sich also nach dem Gesagten ein Zusammenhang der Nobiles mediocres mit den Mittelfreien der Rechtsbücher als durchaus unwahrscheinlich heraus, so dürften sie dagegen mit einer anderen Personenklasse zusammenfallen, nämlich mit den in einzelnen baierischen Urkunden des vierzehnten Jahrhunderts vorkommenden **Mitterleuten**.

Auch diese hat man für freie Ritter angesehen und mit den Mittelfreien identificiren wollen, obgleich sich aus dem Rang, den dieselben in der Reihe der Stände in den Urkunden einnehmen, ganz dasselbe Bedenken gegen eine solche Auffassung ergeben musste, welches sich gegen die gleiche Annahme bezüglich der österreichischen Rittermässigen geltend machte [1]), indem sie nämlich wie diese regelmässig den Dienstmannen nachgesetzt erscheinen.

Eben diese Stellung der Mitterleute unter den Ständeklassen erlaubt nun, wie ich glaube, den sichersten Schluss, dass wir es hier abermals nur mit einer ungewöhnlichen Bezeichnung der bekannten unfreien Ritter niederen Ranges zu thun haben.

In dieser Beziehung ist das wichtigste Zeugniss eine Urkunde König Ludwigs IV. vom Jahre 1315, in welcher die Mitterleute mehrfach erwähnt werden. Hier werden einmal die baierischen Stände in folgender Ordnung aufgezählt: *lantherren, dinstlauten, mitterlauten, purgarn*; ein anderesmal heisst es: *von den lantherren, von den mitternlaeuten und von den purgarn*: wieder an anderen Stellen: *grafen, freien, dinstman, mitterlaeut purgaer* [2]).

---

et homines nobiles et ignobiles cum omnibus attinenciis et pertinenciis universis. Die von Hasenöhrl (Anm. 44) gegebene Auslegung widerspricht denn doch zu sehr dem bestimmten Wortlaut der Stelle. Die *homines nobiles* sind hier weder Ministerialen noch freie Vassallen, sondern einfach die Milites der Herren von Neuburg.

[1]) Vgl. Zoepfl, Rechtsgesch. 2 S. 95 Anm. 28 u. S. 108.
[2]) Quellen u. Erört. 6 Nr. 238 S. 240, 241, 243, 244.

Vergleicht man damit die Reihe der Stände, wie sie in den gleichzeitigen, früher citirten Urkunden sich gewöhnlich findet, so z. B. im Jahre 1311 in dem erwähnten ständischen Freiheitsbriefe an vielen Stellen: *graven, freyen, dienstmannen, rittern, chnechten* u. s. w. [1]), so liegt, wie ich glaube, die Bedeutung dieser Mitterleute, die durchaus genau an der Stelle der Ritter und Knappen stehen, auf der Hand.

Dazu kommt noch die sprachliche Aehnlichkeit der Ausdrücke Mitterleute und Nobiles mediocres, welche von vorneherein auch eine begriffliche Verwandtschaft der betreffenden Klassen vermuthen lässt oder wenigstens, wenn dafür schon andere Gründe sprechen, als ein unterstützendes Moment gelten kann. Eine Verwandtschaft der Mitterleute mit den Mittelfreien kann also keineswegs angenommen werden; eine Aehnlichkeit liegt höchstens darin, dass diese als eine niedere Klasse freier Ritter erscheinen, während jene dieselbe Stellung unter den ritterlichen Unfreien einnehmen.

Ueberhaupt konnte der Gedanke, in allen diesen, als Ritter, Sendmässige, Nobiles mediocres, Mitterleute bezeichneten, augenscheinlich in ähnlicher Stellung befindlichen Personen, trotz der entgegenstehenden Schwierigkeiten, deren Ueberwindung zu sehr unwahrscheinlichen und künstlichen Erklärungen und Annahmen führte, einen von den freien Herren oder Nobiles verschiedenen Stand ritterlicher Gemeinfreier erblicken zu sollen, nur so lange aufkommen, als man einerseits die Mittelfreien der süddeutschen Rechtsbücher als eine landrechtliche Klasse auffassen zu müssen glaubte und als man andererseits auf das schon frühzeitige und durchgängige Vorhandensein einer unter den Ministerialen stehenden, besonderen Klasse ritterlicher Unfreier noch nicht aufmerksam geworden war. Sobald namentlich dies Letztere einmal

---

[1]) Vgl. oben S. 80.

der Fall ist, kann es auch, wie mir scheint, sofort nicht mehr zweifelhaft sein, dass alle jene Ausdrücke nur verschiedene Bezeichnungen eben dieses Standes sind [1]).

[1]) Daneben werden diese Leute in den Urkunden, wie es scheint, mitunter auch als *servitores* oder *Diener* bezeichnet. Der Ausdruck *servitor*, in den baierischen Urkunden des dreizehnten Jahrhunderts sehr häufig, ist zu unterscheiden von dem Ausdruck *serviens*, der älteren Bezeichnung der Ministerialen, später gleichbedeutend mit *cliens*, Knappe, und begreift in der allgemeinsten Bedeutung alle jene in sich, welche einem bestimmten Herrn aus irgend einem Grunde zu einer, insbesondere kriegerischen Dienstleistung verpflichtet sind, sowohl freie Vassallen als Dienstmannen und Ritter. Dies geht zum Beispiel deutlich hervor aus einer Urkunde der baierischen Herzoge von 1276 (Quellen u. Erört. 6 S. 302), wo es heisst: *nos et nostri servitores, comites, liberi et ministeriales vel alii quocunque nomine censeantur*. Auf den niederen unfreien Ritter bezogen scheint diese Bezeichnung an einer anderen Stelle derselben Urkunde (S. 299), wo zuerst eine Bestimmung getroffen wird für den *liber homo*, dann für den *ministerialis* und endlich *de aliis servitoribus*, während später (S. 300) offenbar dieselben Klassen so aufgezählt werden: *Et hoc idem est firmiter observandum in hominibus liberorum, ministerialium et aliorum nobilium*, welche letzteren wohl nur jene Ritter sein dürften. Dasselbe ist der Fall in einer anderen Urkunde von 1315 (Quellen u. Erört. 6 S. 233): *alle unser edelleute, dienestman, stet, diener, edel und unedel swie si genant sein*.

IV.

1. Seit dem Ende des dreizehnten Jahrhunderts tritt der Stand der Ritter und Knechte im südlichen Deutschland regelmässig als ein selbständiges und wesentliches Glied der ständischen Verfassung neben den Dienstmannen auf [1]). Die Scheidung dieser beiden Stände zeigte sich uns schon früher als eine so scharfe und wirksame, dass sie keineswegs mehr blos auf der Leistung oder Nichtleistung der Hofdienste beruhen konnte, vielmehr nothwendig in einer bedeutenden, weitgreifenden Verschiedenheit des Rechtes derselben ihren Grund haben musste. Es wird daher nun unsere Aufgabe sein, in eine **genauere Untersuchung der eigenthümlichen rechtlichen Stellung des niederen unfreien Ritterstandes** einzugehen und dabei namentlich jene Momente zu erforschen, welche eine so grosse Verschiedenheit des Ranges, einen so tiefgehenden Standesunterschied zwischen Dienstmannen und Rittern, als von Hause aus doch so nahe verwandten Klassen, begründen konnten.

Als die beiden Hauptseiten im rechtlichen Charakter dieses Standes erscheinen die Ritterbürtigkeit und die Unfreiheit; es wird darnach einerseits insbesondere seine Stellung im Lehenrecht, anderseits das Verhältniss dieser Leute zu ihren Herren zu erörtern sein und endlich werden wir noch die verschiedene Stellung der Dienstmannen und Ritter im öffentlichen Recht etwas näher in's Auge zu fassen haben.

---

[1]) Vgl. Hasenöhrl Oesterr. Landr. S. 76, 77.

In Folge ihrer Ritterbürtigkeit waren die Personen dieses Standes von allen bäuerlich lebenden Unfreien und Freien geschieden und theilten mit den übrigen ritterlichen Ständen alle Vorrechte, welche ausschliesslich und unmittelbar an diese Eigenschaft geknüpft waren.

Mit den Dienstmannen bildeten sie also den unfreien Adel, d. h. sie wurden auch als Nobiles oder Edelleute bezeichnet [1]). Zu den mit der Ritterbürtigkeit verbundenen Rechten gehört beispielsweise das Recht des ritterlichen Zweikampfes [2]). Dies wird den Rittermässigen im österreichischen Landrecht ausdrücklich zugestanden, indem bestimmt wird: *Es sol auch niemant nindert kamph vechten denn der rittermessig ist* [3]). Die Kampffrist dürfte dieselbe gewesen sein, wie die der Dienstmannen [4]).

2. Als die wichtigste rechtliche Folge der Ritterbürtigkeit erscheint aber die Lehensfähigkeit [5]) und auch diese war, wenigstens nach ihrer passiven Seite, als Fähigkeit, echtes Lehen zu empfangen, den unfreien Rittern mit den höheren Ständen gemeinsam. Dies ist gleichfalls im österreichischen Landrechte deutlich ausgesprochen: *Es ensol niemant dhain volg haben nach*

---

[1]) Vgl. Hasenöhrl a. a. O. S. 85, 86; Ficker, Heerschild S. 143, 144.

[2]) Vgl. Constitutio Friderici I. a. 1156 c. 10 (Mon. Germ. Leg. 1 S. 102).

[3]) Oesterr. Ldr. Art. 12.

[4]) Dies scheint sich aus dem Schwsp. Ldr. c. 104 folgern zu lassen, wo es heisst: *Dem dienestman und allen liuten uber zwo wochen*. Da nun überhaupt nur ritterliche Leute das Recht des Zweikampfes haben, so dürften unter den *allen liuten* wohl nur die unter den Dienstmannen stehenden ritterlichen Unfreien verstanden werden können. Vgl. auch bezüglich des Ausdruckes *alle liute* Schwsp. Ldr. c. 18; *swaz anderre liute ist*, und c. 138: *dar nach allerhande liute*, an beiden Stellen, wie es scheint, nur auf ritterliche Leute bezogen.

[5]) Vgl. Ficker, Vom Heerschild S. 175.

rechtem lehen, nur ain sentmessig man und ain erbburger, der sein recht wol herpracht hat [1]); oder wenn es an einer anderen Stelle heisst: *Welch sentmessig man duhaim beleibet, der sol dem herren, von dem er lehen hat und der die hervart vert, allen den zins halben geben, den daz guot das iar über gelten mag, der auf dem guot ist, das von dem herren lehen ist* [2]). Damit stimmen auch die urkundlichen Zeugnisse, insoferne belehnte Milites sogar von Ministerialen mehrfach und schon früh erwähnt werden [3]). Ein bestimmtes Zeugniss von der passiven Lehensfähigkeit der Milites gibt auch folgende Stelle aus einer Urkunde von 1273: *Subscripti ministeriales et milites ac etiam militares et inferiores personae a domino Albino venerabili abbate altahensi sua feoda receperunt* [4]).

Fragt man nun aber, welchen Platz dieser Ritterstand in der Rangordnung der Lehensfähigen einnahm, d. h. nach dem Heerschild der unfreien Ritter, so können da nur zwei Möglichkeiten als denkbar erscheinen. Entweder nimmt man an, dass die sonst ersichtliche strenge Sonderung zwischen Dienstmannen und Rittern auf dem Gebiete des Lehenrechtes keinen Ausdruck fand [5]), dass also die Leute beider Klassen einander an ritterlicher Würdigkeit gleichstehend, zusammen im sechsten Schilde standen, welcher nach den süddeutschen Spiegeln den Dienstmannen zugeschrieben wird [6]), oder man muss, da doch wenigstens ein Theil des Ritterstandes nachweislich von Dienstmannen, zu denen er in einem persönlichen Abhängigkeitsverhältnisse stand, belehnt war, die Ritter in den nächstniedrigen, siebenten und

---

[1]) Oesterr. Landr. Art. 41.
[2]) Oesterr. Landr. Art. 45.
[3]) Vgl. Ficker, Heerschild S. 187, 188.
[4]) Mon. Boica 11 S. 96.
[5]) Vgl. Ficker, Vom Heerschild S. 189.
[6]) Deutschsp. c. 5, Schwsp. Ldr. c. 2, Lehenr. c. 1.

letzten Heerschild verweisen. Glaube ich mich nun unbedingt für die letztere Annahme entscheiden zu müssen, so setze ich mich dabei allerdings in Widerspruch mit der gewöhnlichen Auffassung der in den Spiegeln aufgestellten Heerschildsklassen, nach welcher die siebente Stufe als eine schon unritterliche und lehensunfähige zu betrachten wäre [1]), wobei man freilich das Bestehen eines besonderen, unter den Ministerialen stehenden, unfreien Ritterstandes gar nicht in Betracht gezogen. Es wird daher nothwendig sein, eingehend zu untersuchen, inwieweit sich jene meine Ansicht mit den Aussprüchen der Rechtsspiegel über den siebenten Heerschild vereinigen lässt. Haben wir bisher stets nur speziell die Verhältnisse des südlichen Deutschlands im Auge gehabt, so werden zunächst hauptsächlich die Angaben der süddeutschen Rechtsbücher für diese Frage als massgebend in Betracht kommen; bei dem engen Abhängigkeitsverhältniss derselben vom Sachsenspiegel wird jedoch auch eine Rücksichtnahme auf dessen Darstellung geboten sein.

3. Die Lehre über die siebente Heerschildsstufe in den Spiegeln [2]) erscheint als keineswegs übereinstimmend und ziemlich verwirrt.

Sehen wir zunächst auf den Sachsenspiegel, so wird hier einerseits die Frage nach der Lehensfähigkeit des siebenten Schildes unentschieden gelassen [3]), andererseits fehlt überhaupt eine nähere Bestimmung darüber, welche Personen eigentlich in diesem Heerschild standen. Aus einzelnen Bestimmungen der späteren sächsischen Rechtsbücher, der Land- und Lehenrechtsglosse und des Richtsteigs Lehenrechts erhellt jedoch mit ziemlicher Sicherheit, dass sie den siebenten Heerschild nicht mehr

---

[1]) Vgl. Homeyer, System des Lehenr. S. 293.
[2]) Vgl. Ficker, Vom Heerschild S. 189 ff.
[3]) Sachssp. Ldr. 1, 3 § 2.

zu den ritterlichen zählen und dass die in demselben stehenden Personen bereits als lehensunfähig galten [1]).

Für den Sachsenspiegel und sein Geltungsgebiet erscheint demnach die oben angeführte herrschende Annahme eines nichtritterlichen siebenten Heerschildes allerdings als zutreffend; auch stimmt eine solche vollkommen zu der Ordnung der Schilde, wie sie nach dem Sachsenspiegel [2]) im Norden bestand. Führen hier die Dienstmannen mit den Schöffenbaren den fünften Schild [3]) und wird sodann der sechste ausschliesslich von den ritterlichen Lehensleuten dieser Klassen eingenommen, so konnte beim regelmässigen Fehlen weiterer Lehensverbindungen der siebente Heerschild allerdings nur mehr unritterliche Personen umfassen.

Anders muss sich aber consequenter Weise die Sache gestalten bei der von den süddeutschen Spiegeln aufgestellten Heerschildsordnung. Wird hier der landrechtliche Stand der freien Herren in zwei lehenrechtliche Klassen, Heerschilde, gespalten [4]), so werden dadurch alle folgenden Schilde im Vergleiche zu der Ordnung des Sachsenspiegels um einen Grad tiefer gerückt und es ergibt sich von selbt für den Süden um eine lehenrechtliche Stufe mehr als im Norden. Bei der für diese Zeit unbedingt anerkannten aktiven Lehensfähigkeit der Dienstmannen müsste man daher offenbar erwarten, dass, wie im Sachsenspiegel der sechste, so in den süddeutschen Spiegeln der siebente Schild den ritterlichen Lehensmannen der Dienstmannen zugesprochen würde. Auffallender Weise entsprechen nun aber die Bestimmungen des Deutschen- und Schwabenspiegels, wenigstens zum Theil, keineswegs dieser Forderung. Wie überhaupt in der

---

[1]) Glosse zu Sachssp. Ldr. 1, 3 § 2 u. Lehenr 1; Gl. Lignic. zu art. 2; Richtsteig. Lehenr. 28 § 4; vgl. Homeyer, System S. 294.
[2]) Sachssp. Ldr. 1, 3 § 2.
[3]) Vgl. Ficker, Vom Heerschild S. 173 ff.
[4]) Vgl. Ficker, Vom Heerschild S. 145 ff. 152 ff.

Darstellung dieser Rechtsbücher, so findet sich auch in dieser Lehre ein Widerspruch der einzelnen Sätze untereinander und mit den thatsächlichen Verhältnissen, der auch hier grossentheils zurückzuführen sein dürfte auf die eigenthümlichen Entstehungsumstände derselben, insbesondere auf den unselbständigen Anschluss der Verfasser an die sächsische Vorlage, welche es bewirkten, dass die süddeutschen Spiegel nicht durchaus ein klares und getreues Bild der thatsächlichen Rechtszustände ihres Entstehungsgebietes zeigen [1]).

Sehen wir nun auf die einzelnen in Betracht kommenden Stellen, so erklärt einmal der Deutschenspiegel zu Anfang des Landrechtes, nachdem er zuerst im Anschluss an den Sachsenspiegel den Zweifel an der Lehensfähigkeit des siebenten Heerschildes ausgesprochen, ganz bestimmt und unzweideutig: *Den sibenden herschilt hevet ein isleich man, der nicht aigen ist vnd e chint ist*, und versagt folgerichtig diesem Schilde die Lehensfähigkeit: *Lehenrecht geit man den nicht, den die in dem sibendem herschilt sint* [2]). Genau dieselben Bestimmungen finden sich auch im Landrecht vieler Handschriften des Schwabenspiegels [3]), während sie in anderen einfach fehlen [4]).

Einen anderen Text hat freilich die Ambraser Handschrift, wo es heisst: *Den sibenten herschilt den hefet ein ieglich man, der von ritterlicher art geborn ist und ein ékint ist* [5]). An eine Auslassung des Wortes „nicht" vor ritterlich [6]) darf hier wohl nicht gedacht werden, einmal wegen der ganz gleichen Fassung der entsprechen-

---

[1]) Vgl. Ficker, Vom Heerschild S. 145.
[2]) Deutschsp. c. 5.
[3]) So in der Ausgabe von Senkenberg (Corp. iur. Germ. 2. B.) c. 8, § 7, in der auf der Innsbrucker Universitäts-Bibliothek befindlichen Schnalser Hs. u. anderen.
[4]) So bei Lassberg Ldr. c. 2.
[5]) Schwsp. Ldr. ed. Wackernagel c. 5.
[6]) Vgl. Zoepfl, Rechtsgesch. 2 S. 108 Anm. 17.

den Stelle im Lehenrecht dieser Handschrift und weil auch der dadurch entstehende Sinn der Stelle ein ganz anderer wäre, als den sie in der gewöhnlichen Fassung hat. Wohl aber werden wir in dieser Leseart nur eine spätere, wenn auch sehr beachtenswerthe Verbesserung des ursprünglichen Textes erblicken müssen.

Wird demnach im Landrecht, wenigstens in seiner ursprünglichen Form, der siebente Schild bestimmt als nicht ritterlich und lehensunfähig aufgefasst, so scheint sich dagegen im **Lehenrechte des Schwabenspiegels** eine ganz andere, gerade entgegengesetzte Anschauung auszusprechen. Dies ist um so wichtiger, als wir überhaupt von vornehrein in dieser Frage der Darstellung des Lehenrechtes ungleich mehr Bedeutung und Gewicht beizulegen haben werden, indem ja vor Allem die Lehre von den Heerschilden speziell dem Gebiete des Lehenrechtes angehört und weil andererseits hier der Verfasser des Schwabenspiegels viel grössere Selbständigkeit der Bearbeitung zeigt und daher auch ein näherer Anschluss an die thatsächlichen Rechtszustände zu vermuthen ist, als im Landrecht, wo der Einfluss des Sachsenspiegels sich bestimmter und wirksamer geltend macht.

Zwar wird nun auch im Lehenrecht einzelner Handschriften, wie namentlich der Lassbergischen, an einer Stelle dem siebenten Schilde die Lehensfähigkeit abgesprochen, indem gesagt wird: *Die kvinige hant' also gesetzet, swer mit dem sibenden herschilte zetuonne habe, der sol lehenrehtes darben* [1]). Dagegen erhält diese Stelle schon in einigen anderen Texten durch eine kleine, aber wesentliche Verschiedenheit einen ganz anderen Sinn, indem sie lautet: *wer mit dem sibenden herschild nit ze tunn habe, der sol nit lehenrecht haben* [2]).

---

[1]) Schwsp. Lehenr. (ed. Lassb.) c. 1.
[2]) Sogenanntes Baierisches Lehenr. (ed. Senkenberg, Corpus

Dass es sich nicht etwa hier um einen Zusatz handelt, vielmehr umgekehrt bei Lassberg eine Auslassung vorliegt, ergibt sich mit Sicherheit aus dem Text, wie ihn unter anderen die Ambraser Handschrift bietet: *swer niht von ritterlicher art si, daz der mit dem sibenden herschilte niht ze tune haben und sullen lehen rechtes darben* [1]). Noch klarer und bestimmter lautet die Stelle in der Schnalser Handschrift: *swer niht sei von ritterlicher art, daz der mit dem sibendem herschilt niht zetuon sol haben und swer ouch in dem sibendem herschilte niht envert, der sol von allem rehte lehenrechts darben.* Diese Fassung erscheint denn auch zweifellos als die richtige und ursprüngliche, indem sie ersichtlich den Ausgangspunkt für alle anderen, durch fortgesetzte Auslassungen und Contraktionen entstandenen Versionen bildet, von denen die der Lassbergischen Handschrift vielleicht unter Einwirkung der im Deutschenspiegel und in den schwäbischen Landrechtstexten ausgesprochenen Ansicht entstanden sein mag. Ein umgekehrter Entwickelungsgang muss wohl als unmöglich erscheinen. Demnach würde aus dieser Vergleichung hervorgehen, dass der Verfasser des schwäbischen Lehenrechtes den siebenten Heerschild als einen ritterlichen und daher lehensfähigen anerkannte und hinstellen wollte.

Diese Auffassung tritt denn auch in anderen Bestimmungen des Lehenrechts deutlich und unzweideutig hervor. So wird an einer Stelle vom rechten Lehen im Gegensatz zum Gerichtslehen, welches nur bis in die vierte Hand kommen darf, gesagt: *Reht lehen kvmt mit reht an die sibenden hant; daz ist da von, daz der herschilte siben sint, die lehenreht habent* [2]). An einem anderen Orte, wo vom Lehensgericht gehandelt wird,

---
iur. feud.) c. 1, ebenso in der Ausgabe bei Schilter (Thes. Ant. Teut.) Lehenr. c. 1.

[1]) Schwsp. Lehenr. (ed. Senkenberg, Corp. iur. Germ. 2 B.) c. 1.
[2]) Schwsp. Lehenr. c. 132.

heisst es vom Boten, der die Lehensleute zu Gericht laden soll: *Der bote sol zcm minsten han von dem herren zelehen ein halbe hvobe oder daz ein phunt giltet der lantphenninge; und (hat) der herre man in dem sibenden herschilte, den sol er zeboten senden, der bi dem minsten von im hab ein halbe hvobe; und hat er niht in dem siebenden herschilte man, so grife in den sehten, und sende dar uz einen boten dar, der bi dem minsten hab ein halb hvobe zelehen* ¹).

Auch hier erscheinen die Leute des siebenten Heerschildes als ordentlich belehnte und werden gleich denen des sechsten als Boten für das Lehensgericht verwendet. Schon der Ausdruck: <u>man</u> *in dem sibenden herschilt*, erlaubt den Schluss, dass die Betreffenden wirkliche ritterliche Lehensleute des Herren waren, da die Bezeichnung <u>Mann</u> im Lehenrechte stets und eigentlich diese Bedeutung hat.

4. Wenn nun im Schwabenspiegel als **die Personen des siebenten Heerschildes** die *semperen liute* genannt werden, so dürften wir nach dem Gesagten darunter wohl Ritterbürtige zu verstehen haben, während man diesen Ausdruck hier gewöhnlich, mit Beziehung auf den Ausspruch des Landrechtes, in der Bedeutung von frei und ehelich geboren auffasste ²). Allein aus einer solchen Annahme ergeben sich schon an und für sich verschiedene Schwierigkeiten. So müsste es zunächst schon auffällig erscheinen, dass, während zuerst diese Personen als lehensunfähig erklärt wurden, es wieder an anderer Stelle als ein Erforderniss zur Lehensfähigkeit hingestellt wird, dass jemand *semper* sei, indem bestimmt wird: *Phaffen vnde geburen vnde alle, die nvit semper sint vnd nvit von ritterlicher art geborn sint, die*

---

¹) Schwsp. Lehenr. c. 112.
²) Vgl. Ficker a. a. O. S. 191; Hómeyer, System S. 294, Anmerk.

suln alle lehenrechtes darben [1]). In dieser Stelle lässt sich überhaupt diese Bedeutung von *semper* auch aus dem Grunde nicht festhalten, weil in solchem Falle hier neben der Ritterbürtigkeit auch noch freie und eheliche Geburt als Erforderniss zur Lehensfähigkeit erklärt wäre, was für die Freiheit jedoch auf keinen Fall gelten kann, da die Rechtsbücher ausdrücklich einerseits die Unfreiheit, andererseits die Lehensfähigkeit der Dienstmannen anerkennen. Ueberdies wird in manchen Texten neben dem „semper sein" noch das „ehelich geboren sein" besonders erwähnt [2]), so dass man also gezwungen wäre, hier mit dem Ausdrucke Semper wieder eine andere Bedeutung zu verbinden, was denn doch nicht angenommen werden kann. Diese Schwierigkeiten entfallen, wenigstens grossentheils, sobald man in den Semperleuten ritterliche Leute sieht.

Für diese Auffassung finden sich übrigens auch noch andere ganz bestimmte Anhaltspunkte. Es zeigt sich nämlich, dass der Ausdruck Semper hier keineswegs vereinzelt und willkürlich vom Verfasser des Schwabenspiegels in dem angenommenen Sinne gebraucht worden. In dieser Beziehung braucht vor Allem nur auf den Umstand hingewiesen zu werden, dass der sprachlich nächstverwandte Ausdruck „sendmässig" in Oesterreich sich als identisch mit „rittermässig" erwiesen hat. Ja, es scheint sich überhaupt zu ergeben, dass wir die Bedeutung ritterlich gerade als die eigentliche, gemeingiltige Bedeutung des Wortes Semper (Sendbar) aufzufassen haben, welche auch in den Spiegeln theilweise durchdringt und zunächst im Schwabenspiegel in den verschiedenen Verbindungen Semperleute und Semperfreie einheitlich hervortritt, insoferne auch diese letztere Bezeichnung an einigen Stellen nicht in ihrer Einschränkung auf die

---

[1]) Schwsp. Lehenr. (Lassb.) c. 1.
[2]) So in der Schnalser und Ambraser Handschrift.

Höchstfreien, sondern im weiteren Sinne, gleich „ritterlich frei" zu verstehen sein dürfte [1]).

Wenn wir also, wie ich glaube mit genügendem Grunde, in den Semperleuten ritterliche Leute sehen dürfen, so beantwortet sich die weitere Frage, welcher Standesklasse diese Personen angehören, wohl von selbst. Ohne Zweifel werden wir in ihnen die Sendmässigen des österreichischen Landrechtes [2]), die Ritter und Knappen, erkennen müssen, denen eine solche Stellung auch naturgemäss zukommt.

Liess man bisher die Reihe der ritterlichen Standesklassen mit den Dienstmannen schliessen, so konnte man sich noch, wenigstens als Regel, an jene Stellen halten, die den siebenten Heerschild als einen nichtritterlichen erklärten; sobald man aber einmal einen von den Dienstmannen verschiedenen und zum Theil von denselben belehnten Ritterstand anerkennt, kommt man auch von selbst zur Annahme eines ritterlichen siebenten Schildes. Es müsste in der That sehr befremdlich erscheinen, dass, während sonst im Süden die Zahl der Lehensverbindungen bei Aufstellung der Heerschildsklassen in so durchschlagender Weise massgebend erscheint, wie sich dies in der Scheidung von Hoch- und Mittelfreien manifestirt, hier umgekehrt zwei sonst streng geschiedene, ritterliche Stände, zwischen denen auch zahlreiche Lehensverbindungen bestanden, nur eine lehenrechtliche Klasse bilden sollten, was man wirklich nach manchen Stellen der süd-

---

[1]) Vgl. Beilage: Zur Bedeutung des Ausdruckes Sendbar.

[2]) Auch Hasenöhrl a. a. O. S. 85 nimmt an, dass der Ausdruck sempere Leute an dieser Stelle in einer dem österreichischen Landrechte mehr analogen Bedeutung gebraucht sei. Wenn er aber in den sendmässigen Leuten eine den Mittelfreien entsprechende Klasse sieht, so ist jene Annahme nicht möglich, da ja die Mittelfreien an derselben Stelle als eine viel höher stehende Klasse angeführt werden, welcher der fünfte Heerschild zugesprochen wird.

deutschen Spiegel schliessen könnte. Zeigt sich im Schwabenspiegel, wenigstens theilweise, eine richtigere, den urkundlich bezeugten Verhältnissen entsprechende Darstellung, so mochte eben auch das entschiedenere Hervortreten des unfreien Ritterstandes in Baiern gegen Ende des dreizehnten Jahrhunderts den Verfasser desselben mehr als den des älteren Deutschenspiegels zu einer genaueren Beachtung der wirklichen Zustände geführt haben.

Auch in dem mit dem Schwabenspiegel verwandten späteren Rechtsbuche des Ruprecht von Freising findet die eben entwickelte Ansicht über den siebenten Heerschild eine überraschend vollständige Bestätigung. In dem dem schwäbischen Landrechte ziemlich getreu nachgeschriebenen Landrechtsbuche treffen wir zwar auch ganz entsprechend am Schluss der Heerschildsordnung das Bedenken über das Lehenrecht des siebenten Schildes ausgesprochen und wird derselbe auch jedem ehelich geborenen Freien zuerkannt [1]; daneben findet sich aber auch eine andere Lesart dieser Stelle, welche lautet: *also wayss man nicht, wer den sibent weld schild heren schild nympt oder heft. ain jeglicher man, der von ritterleicher art geporn ist und ein ee chind ist* [2]. Hier wird also nicht, wie gewöhnlich, die Frage gestellt, ob der siebente Schild Lehenrecht habe oder nicht, sondern gerade, wer denselben führe und dieselbe sofort im Sinne unserer Auffassung der semperen Leute beantwortet. Ganz entschieden und unzweideutig spricht sich weiter aber eine Stelle aus dem selbständigeren Stadtrechtsbuche über das lehenrechtliche Verhältniss von Dienstmannen und Rittern und über die Frage nach der letzten Heerschildsklasse aus, indem es heisst; *Wan der dienstman den sechstn schilt heft dye nidrest hant ist dem lehn*

---

[1] Ruprecht von Freising, Ldrb. c. 5.
[2] Maurer, Rupr. v. Freising. Eeinleitung S. XIV.

heren und der ritter den sibenttn ¹). Dadurch erscheint denn die Frage über die Stellung des den Ministerialen untergeordneten Ritterstandes in der Heerschildsordnung endgiltig entschieden.

5. Bilden also die unfreien Ritter das letzte Glied in der Reihe der ritterlichen, durch Lehensverbindungen miteinander verknüpften Stände, fehlt eine weitere niedrigere Stufe in der durch diese Verbindungen geschaffenen Lehenshierarchie, so wird man nun die fernere Frage nach der **aktiven Lehensfähigkeit** dieser Klasse wohl im verneinenden Sinne zu beantworten haben.

Sehen wir diesbezüglich nach den thatsächlichen Verhältnissen, soweit dieselben in den Urkunden hervortreten, so finden wir wenigstens nirgends von solchen Milites oder Rittern wieder ritterliche Mannen erwähnt.

Die Annahme einer beschränkten Lehensfähigkeit des letzten Heerschildes findet weiter auch in der, in den Rechtsbüchern ausgesprochenen Anschauung ihre Unterstützung und liegt überhaupt in der Natur der Sache. Dies tritt deutlich genug hervor, wenn die Glosse zum Sachsenspiegel in den sechsten Schild die Einschildigen stellt²) und der Richtsteig Lehenrechts den von ihnen Beliehenen das Lehenrecht ausdrücklich versagt, ja, an die Uebernahme eines Lehens von einem Einschildigen den Verlust des Heerschildes knüpft ³).

Mit einer Klasse von Einschildigen, das heisst wohl passiv, aber nicht mehr aktiv Lehensfähigen⁴), muss

---

¹) Maurer, Rupr. v. Freising, Einl. S. XV.
²) Glosse zu Sachssp. Ldr. 1, 3 § 2 u. Lehenr. 1.
³) Richtsteig, Lehenr. 28 § 4.
⁴) Vgl. Homeyer Glossar von *enscildig*. Derselbe fasst hier diese Bezeichnung im natürlichen Sinne und erklärt den Einschildigen als jenen, „der ohne rittermässiges Gefolge, mit seinem alleinigen Schilde daherzieht". Werden aber in der Glosse zu Sachssp. Ldr. 3, 29 im Gegensatz zu den Einschildigen alle höheren Klassen als Zweischildige bezeichnet, so dürfte man vielleicht besser das

nothwendig die Heerschildsordnung schliessen, weil jede Klasse aktiv lehensfähiger Leute wieder eine Klasse von Lehensmannen, also streng genommen einen folgenden Heerschild, bedingt.

Wie deswegen die unbezweifelte aktive Lehensfähigkeit der Dienstmannen mit darauf hinführen musste, den siebenten Heerschild im Süden als einen ritterlichen, passiv lehensfähigen zu betrachten, so muss uns umgekehrt der Umstand, dass der siebente Heerschild unbedingt als die letzte Heerschildsstufe erscheint, dazu nöthigen, die auf derselben stehenden Ritter als solche einschildige Leute aufzufassen. Diese Bezeichnung erhält jene Klasse denn auch wirklich in einem baierischen Landfrieden vom Jahre 1300, wo bestimmt wird: *Swer einen edeln man veintlich haimsuchet,* — der soll in der Acht sein; *hat er iem sines guotes niht genomen, so sol er iem zehen pfunt fuer sin laster geben, einem purger fuemf pfunt, einem ainschilten ritter oder einem edeln chnecht fuemf pfunt einem gebaurn zwai pfunt* [1]). Die Bedeutung dieser mit den Bürgern auf gleiche Stufe gestellten einschilten Ritter und edeln Knechte kann wohl nicht zweifelhaft sein.

Wesentlich dieselbe Auffassung könnte sich vielleicht auch in der vorhin erwähnten Stelle aus dem Stadtrechtsbuche Ruprechts von Freising ergeben, wenn gesagt wird: *Wan der dienstman den sechstn schilt heft, dye nidrest hant ist dem lechn heren.* Es liegt hier nahe, den in

---

Wort Schild in übertragener Bedeutung als Lehensfähigkeit verstehen und demnach den Zweischildigen als den nach beiden Seiten hin, den Einschildigen als den nur nach einer Seite hin Lehensfähigen erklären, womit auch die Auslegung der Glosse zu Sachssp. Lehenr. 1 so ziemlich stimmen würde, wenn sie sagt: *und sind einschiltig leut genannt, darumb[, das si einfeltig sind am herschilt, das ist am ritterlichen adel.*

[1]) Quellen u. Erört. 6 S. 119; vgl. auch die bei Hasenöhrl S. 75 Anm. 17 angeführte Urk. aus Herrgott, Monum. 1 S. 227.

dieser Form offenbar verderbten Zusatz durch die Umänderung des Wortes „*dem*" vor *lechn heren* in „*der*" zu corrigiren, so dass dann in diesem Satze die Dienstmannen als die letzte Klasse der Lehensherren, d. h. als die letzte mit aktiver Lehensfähigkeit ausgestattete Klasse hingestellt würden, während die den Schluss der Lehensordnung bildenden Ritter nur mehr als Lehensleute in Betracht kommen.

6. Erscheint so der Ritterstand auf dem Gebiete des Lehenrechtes durch seine Stellung in der Reihe der Heerschilde, sowie durch seine einseitig beschränkte Lehensfähigkeit in sehr bestimmter Weise von den Dienstmannen unterschieden, so zeigt sich nicht minder auch eine merkliche Verschiedenheit in dem Verhältniss beider Stände zu ihren Herren.

Zwar die Unfreiheit war beiden Klassen gemeinsam und es mussten daher auch für beide gleichmässig die wesentlichsten, in derselben begründeten, persönlichen Beschränkungen gelten, so die nicht willkürliche Lösbarkeit des dienstlichen Verhältnisses und eine gewisse Gebundenheit an die Person und den Willen des Herrn.

Aber auch dieses Verhältniss scheint bei den Dienstmannen ein viel freieres, selbständigeres gewesen zu sein, als beim unfreien Ritter. Die Dienstmannen waren eben im Laufe der Zeit, zum Theil gerade in Folge ihrer Eigenschaft als Hofbeamte, die sie in die unmittelbare Umgebung ihres Herrn und in die nächste Beziehung zu demselben brachte, zu einer besonders angesehenen Stellung gelangt. So stand ihnen namentlich ein bestimmter im Dienstrecht begründeter Einfluss auf die Handlungen und Verfügungen ihrer Herren zu, welche meist *consilio et consensu ministerialium* vorgenommen wurden [1]). Andererseits hatten sie auch vielfach einen sehr beträchtlichen Grundbesitz erworben, theils als Dienst- und Amtslehen, theils zu dienstrechtlichem Eigen, theils

---

[1]) Vgl. Fürth, Minist. S. 157 ff.

endlich als Lehen von auswärtigen Herren, welcher die Grundlage einer äusseren Machtstellung bildete, die ihnen ihrem Herrn gegenüber, wenn auch nicht rechtlich, so doch faktisch, eine grössere Selbständigkeit und Unabhängigkeit verleihen musste.

Dagegen finden wir die niederen unfreien Ritter nirgends in einer ähnlichen Lage. Im Einzelnen mag ihre Stellung, je nach der Herrschaft, sich sehr verschiedenartig gestaltet haben, im Allgemeinen werden wir jedoch annehmen können, dass sie in mehr untergeordneter, hauptsächlich militärischer Verwendung standen. So dürften sie namentlich die ständige Bemannung von Burgen und festen Plätzen gebildet haben als die eigentlichen Burgmannen, *castellani* oder *castrenses* [1]), während der Oberbefehl über eine Burg und deren Besatzung oft in den Händen eines Ministerialen lag, der dann ebenfalls als *castellanus* oder *burggrafius* bezeichnet wurde. Eine Einflussnahme der Ritter auf die Handlungen ihres Herren, wie sie von Seite der Ministerialen stattfand, zeigt sich nirgends, ebenso scheinen sie, entsprechend ihrem niederen Range und ihren minder angesehenen Diensten, theils wohl auch dem niederen Rang ihrer Herren, in der Regel nur im Besitze kleinerer Güter gewesen zu sein. Im österreichischen Landrecht ist auch von einem Zins die Rede, den der sentmässige Mann von seinem Gute dem Herrn zu entrichten hat [2]). Wenn nun diese Klasse in den Rechtsbüchern insbesondere als die der eigenen Leute gegenüber den Dienstmannen bezeichnet wird [3]), so kann das überhaupt darauf hindeuten, dass in dem Verhältniss derselben zur Herrschaft das Moment der Unfreiheit noch entschiedener und in seinen Wirkungen durchgreifender und energischer zum Aus-

---

[1]) Vgl. Fürth, Minist. S. 228, 229.
[2]) Oesterr. Landr. Art. 45.
[3]) Vgl. auch oben S. 31.

druck kam. So zeigt sich auch im österreichischen Landrechte die Gewalt des Herzogs über seine eigenen Ritter viel unbeschränkter als gegenüber den Dienstmannen, indem bestimmt wird: *Ist, daz der lanndes herre sein hausgenossen wil angreiffen von gewalt oder von übermut, so sol im weder graff noch freie noch dienstman nicht helffen, noch niemant in dem lannd, an sein aigen leut und an die er piten mag und erkauffen mag mit seinem guot* [1]). Unter den eigenen Leuten wird man nämlich hier wohl nicht unritterliche Unfreie, sondern die sonst erwähnten Ritter und Knappen des Landesherrn zu verstehen haben [2]).

7. In dieser Beziehung könnte nun aber noch ein anderer Gesichtspunkt in Betracht kommmen. In den Quellen macht sich nämlich mehrfach die Anschauung geltend, dass die Dienstmannen gar nicht Eigenthum des betreffenden Herrn, sondern demselben nur vom Reiche geliehen seien.

Für die Dienstmannen der geistlichen Fürsten erscheint eine solche Auffassung auch den Verhältnissen ganz entsprechend. Galt überhaupt das ganze weltliche Gut der Reichskirchen als Eigenthum des Reiches, von dem es der jeweilige Fürst nur zu Lehen hatte [3]), so scheint es natürlich, dass dies auch bezüglich ihrer Ministerialen, sowie auch allen anderen zu diesen Gütern gehörigen Unfreien der Fall war. Diese Anschauung ist auch deutlich ausgesprochen in einem Rechtsspruch von 1194, wo erkannt wird, dass der Bischof von Verden wegen Ansprüchen an seine Ministerialen vor keinem Richter zu antworten habe, *quam coram domino imperatore, a quo ipse episcopatum et ministeriales cum reliquis attinenciis teneret* [4]).

---

[1]) Oesterr. Landr. Art. 55.
[2]) Vgl. S. 27.
[3]) Vgl. Ficker, Ueber das Eigenthum des Reiches am Reichskirchengute.
[4]) Verdener Geschichtsquellen 2 S. 60.

Aber auch die Dienstmannen weltlicher Fürsten werden vereinzelt als reichslehenbar hingestellt. So heisst es im österreichischen Landrecht, dass der Herzog den von ihm geächteten Dienstmann vor dem Reiche beklagen soll, *und sol man vor dem reiche urteil uber in tuon, als im ertailt wirt und sol im sein er und sein recht niemant benemen, wenn das reich, wann si von dem reiche des landes herren lehen sind, davon soll der Chaiser und das reich die leczten urtail über in geben* [1]). Damit stimmt weiter eine Stelle in einer Urkunde Kaiser Friedrichs II., wo er vom Herzoge von Oesterreich sagt: *Ministeriales et alios infeudatos, quos ab imperio tenet, tanto graviori persequitur voluntate, quanto in odium nostrum et imperii afflictos immaniter ab ipso percepimus et quanto de ipsis cogimur dubitare* [2]).

Ausserdem tritt besonders in Baiern eine bestimmte Beziehung der herzoglichen Dienstmannen zum Reiche deutlich hervor, wornach wir auch hier auf eine ähnliche Auffassung der Stellung derselben wie in Oesterreich zu schliessen haben dürften. In baierischen Urkunden des zwölften und dreizehnten Jahrhunderts werden nämlich häufig *ministeriales regni* erwähnt, obgleich sich sonst hier eine reichsunmittelbare Dienstmannschaft nicht bemerklich macht. Dass es sich dabei auch um solche dem König unmittelbar unterstehende Dienstmannen nicht handeln kann, geht mit Sicherheit aus dem Umstande hervor, dass fast alle Geschlechter, welchen diese so bezeichneten Personen angehören, sich an anderer Stelle als dienstmännische der baierischen Herzoge oder Bischöfe nachweisen lassen; ja, es trifft sich sogar, dass eine und dieselbe Person einmal als Reichsministerial, ein anderesmal als fürstlicher Dienstmann bezeichnet erscheint.

In einer Urkunde Herzog Heinrichs des Löwen von

---

[1]) Oesterr. Landr. Art. 2.
[2]) Huillard, Hist. dipl. 4 S. 855.

1174 stehen als Zeugen zuerst Grafen und freie Herren, dann: *W. de Nusbach, Albertus de Hutta, Friedericus et Chunradus de Praunawe, Adelhardus de Hutta, Albertus de Sattelbogen, Heinricus de Berbichingen ministeriales regni* [1]). Dass hier weiter herzogliche Dienstmannen ganz fehlen sollten, müsste schon an und für sich nicht wenig auffallen. Gehen wir nun aber den hier genannten Geschlechtern in den Urkunden nach, so treffen wir in den Traditionen von Ranshofen einen Adelhard von Hutte schon 1152 unter den *ministeriales ducis* und ebenso wird 1220 ein Wicher von Hutta wieder ausdrücklich als *ministerialis ducis Bawarie* bezeichnet [2]). Ein Konrad von Braunau wird ebendort in demselben Jahre 1215 in einer Tradition *ministerialis regni*, in einer andern *ministerialis ducis* genannt [3]). Auch die Sattelbogen werden im dreizehnten Jahrhundert häufig unter den herzoglichen Ministerialen erwähnt und die Bärbing sind später Regensburger Ministerialen [4]). Auch bei anderen Geschlechtern finden wir insbesondere in den genannten Traditionen einen gleichen Wechsel der Bezeichnung. So erscheint Pubo von Lozenkirchen 1220 als *ministerialis regni*, 1215 als *ministerialis ducis* und 1212 nennt ihn der Herzog in einer Urkunde *fidelis noster ministerialis regni* [5]). Poppo von Grunberg findet sich 1130 unter den *minsteriales regni* in einer herzoglichen Tradition, dann 1156 unter den *ministeriales nostri* einer herzoglichen Urkunde und österreichischen Ministerialen nachgesetzt, ein anderesmal heisst er *ministerialis ducis Bawarie* [6]). Während ferner Friedrich von Rore 1138 als

---

[1]) Mon. Boica 3 S. 325.
[2]) Mon. Boica 3 S. 314, 280.
[3]) Mon. Boica 3 S. 301, 306.
[4]) Quellen u. Erört. 5 S. 245, 249.
[5]) Mon. Boica 3 S. 281, 300, 330.
[6]) Mon. Boica 3 S. 293; Meiller Bab. Reg. S. 37; U. B. d. Landes ob d. Enns 1 S. 186.

Reichsministerial bezeichnet wird, steht ein Otto von Ror 1157 als Zeuge einer herzoglichen Urkunde unter herzoglichen Ministerialen und 1231 erscheint ein Heinrich von Ror als Ministerial des Herzogs[1]). Ein Heinrich von Johannsdorf heisst 1215 in den Traditionen *ministerialis regni*, einen Otto von Johannsdorf treffen wir 1227 unter Passauer Ministerialen[2]). Von dem, wie es scheint, ebenfalls zur Passauer Dienstmannschaft gehörigen Geschlecht der Rote heisst ein Friedrich in einer Urkunde des Bischofes von Würzburg von 1128 *ministerialis regni*[3]). Ebenso werden die Retenbach in den Traditionen öfter als Reichsministerialen bezeichnet[4]), welche sich nach ihrem ganzen Auftreten offenbar in gleicher Stellung befanden, wie die früher erwähnten Geschlechter. Ergibt sich aus diesen Beispielen im Zusammenhalt mit den österreichischen Zeugnissen nothwendig die Annahme der Reichsangehörigkeit, respective Reichslehenbarkeit dieser Dienstmannen der baierischen Herzoge, so stimmt damit die in anderen Stellen ausgesprochene Anschauung, dass das Gut der baierischen Dienstmannen dem Reiche gehöre. So bewilligt im Jahre 1209 Herzog Ludwig, dass, *quicunque ministerialium nostrorum* von den Besitzungen, *quas sub nostra aut regali iurisdictione detinent*, Vergabungen an St. Florian machen dürfen und bestätigt der Kirche *omnes regalium prediorum tradiciones*, damit sie wegen solcher Besitzungen, *tamquam ad regni proprietatem pertinentibus*, später nicht belästigt werden[5]). Desgleichen bewilligt er 1225 *omnibus ministerialibus nostris atque aliis beneficia a nobis in feodo habentibus* Vergabungen an das Spital bei Pührn zu machen, *quia tanta est prerogativa ac excellentia Bawarice dignitatis*

---

[1]) Mon Boica 3 S. 189, 322; U. B. d. Land. ob d. Enns 3 S. 3.
[2]) Mon. Boica 3 S. 303; 28b S. 322.
[3]) U. B. d. Landes ob d. Enns 2 S. 171.
[4]) Mon. Boica 3 S. 298, 299, 303.
[5]) U. B. d. Landes ob d. Enns 2 S. 525.

ut res atque possessiones suas cui et ubi voluerit potestative distribuat und weil es gestattet sei, *possessiones regni* an Kirchen zu geben, welche der Bamberger Kirche gehören, da diese selbst dem Reiche gehöre [1]). Aehnlich lautet die Bewilligung des Herzoges für Gleink [2]).

Diese Auffassung der Dienstmannen weltlicher Fürsten und ihres Gutes als indirektes Eigenthum des Reiches dürfte ihren Grund wohl darin haben, das eben mit jedem Fürstenamte als Zubehör gewisse Reichsgüter verbunden waren, mit welchen auch die darauf sitzenden Ministerialen dem jedesmaligen Fürsten vom Reiche zu Lehen gegeben wurden. Dem scheint es auch zu entsprechen, wenn in Baiern oft nicht von Ministerialen des Herogs, sondern des Herzogthums die Rede ist. So, wenn König Konrad im Jahre 1142 gestattet, dass jeder Ministerial *ad regnum Teutonicum vel ducatum Bawaricum pertinens* Schenkungen an Reichersberg machen dürfe [3]), oder wenn 1254 die Herzoge Ludwig und Heinrich von Baiern zu Nappurg zu Gericht sitzen *cum comitibus, liberis et ministerialibus imperii et ducatus Bavarie* [4]).

Dies Verhältniss würde nun aber freilich nicht für alle Ministerialen der weltlichen Grossen zutreffen, da die auf dem Eigengut derselben sitzenden ritterlichen Unfreien auch deren Eigenthum waren. Man könnte nun vielleicht annehmen, dass, wie wir das Recht, Hofämter zu führen, an die alten Reichsämter, Fürstenthum und Grafschaft geknüpft fanden, auch nur die zu dem Amtslehen gehörigen unfreien Ritter die Stellung von Ministerialen einnahmen, von denen die eigenen Ritter als Milites geschieden wurden. Allein, abgesehen davon, dass sich eine Beziehung von Dienstmannen eines Grafen zum Reiche nirgends nachweisen lässt, spricht gegen

---

[1]) U. B. d. Landes ob d. Enns 2 S. 620.
[2]) U. B. d. Landes ob d. Enns 2 S. 655.
[3]) U. B. d. Landes ob d. Enns 2 S. 202.
[4]) Quellen u. Erört. 5 S. 132.

diese Vermuthung schon der Umstand, dass gerade in älterer Zeit eine derartige Unterscheidung der unfreien Ritter einer und derselben Herrschaft durchgängig fehlt, während sie sich umgekehrt später ebenso auch bei der Mannschaft der Reichskirchen findet, deren sämmtliche ritterliche Unfreie doch dem Reiche gehörten. Ein bestimmter Gegenbeweis liegt aber darin, dass in Baiern die Dienstmannen ausdrücklich in solche, die zum Herzogthum gehören und in eigenhörige des Herzges unterschieden werden. Dies geschieht in einer Urkunde von 1205, in welcher der König einen Vertrag zwischen dem Bischofe von Regensburg und dem baierischen Herzoge bestätigt, wonach *ministeriales ecclesiae et ducis, tam proprii, quam ducatui attinentes* [1]) unter einander heiraten dürfen. Derselbe Gegensatz dürfte auch vorliegen, wenn 1215 in den Ranshofer Traditionen zwei Brüder von Dachsberg, welches Geschlecht auch sonst nie reichsdienstmännisch genannt wird, als *milites ex familia ducis Bawarie* bezeichnet werden [2]), während ein Wicher von Burgstetten 1220 ebendaselbst *ministerialis regni Bawarie* heisst [3]).

In der Regel tritt nun aber eine solche Unterscheidung der Dienstmannen in den Urkunden nicht hervor. Während in Oesterreich, nach den angeführten Zeugnissen zu schliessen, alle Dienstmannen als reichslehenbar galten, scheint sich in anderen Ländern das Bewusstsein der Reichangehörigkeit der mit dem Fürstenamte verbundenen Ministerialen, überhaupt mit dem Erblichwerden der Fürstenthümer gänzlich verloren zu haben, indem alle Dienstmannen gleichmässig dem Fürsten unterstehend erscheinen. Ein Vorrecht oder auch nur ein Vorrang der zum Herzogthum gehörigen Reichsdienstmannen vor

---

[1]) Ried, cod. dipl. 1 S. 286.
[2]) Mon. Boica 3 S. 305.
[3]) Mon. Boica 3 S. 284.

den eigenen Dienstmannen des Herzogs zeigt sich auch in Baiern nirgends. Unter solchen Umständen werden wir aber auch in diesen ganzen Verhältnissen keinen Grund für die freiere Stellung der Dienstmannen im Hofrechte gegenüber den eigenen Rittern und Knechten zu suchen haben.

Und in der That findet sich auch, mit Ausnahme des im österreichischen Landrecht den österreichischen und im Uebergabsvertrage des Herzogthums Steiermark durch Herzog Ottokar von 1186[1]) auch den steierischen Dienstmannen zugesprochenen Rechtes der Appellation an das Reich, nirgends ein Vorrecht der Dienstmannen vor den Rittern, das nothwendig auf die Beziehung der ersteren zum Reiche zurückzuführen wäre.

8. Wenden wir uns nun zur **Stellung der Dienstmannen und Ritter im öffentlichen Recht,** so gelangen wir damit auf jenes Gebiet, auf welchem die Sonderung dieser Klassen ihren schärfsten und wesentlichsten Ausdruck findet. Und zwar treten hier die Dienstmannen als eine viel angesehenere, bevorzugte Klasse auf, deren Mitglieder mit weitgehenden und wichtigen Berechtigungen ausgestattet sind, die den unfreien Rittern entweder nirgends zugesprochen oder auch ausdrücklich versagt werden. Nach ihrer gesammten äusseren rechtlichen Stellung standen die Dienstmannen gegen Ende des dreizehnten Jahrhunderts überhaupt den unfreien Rittern niederen Ranges ungleich ferner, als den freien Herren, mit denen sie in vielen, wichtigen Beziehungen als gleichberechtigt erscheinen.

Nach dem österreichischen Landrecht hatten die Dienstmannen in Oesterreich denselben Gerichtsstand wie die Grafen und freien Herren, indem sie in allen Sachen, welche an Leib, Ehre und Eigen gehen, nur vor dem Landesherrn zu Recht standen, in den übrigen Pro-

---

[1]) U. B. d. Herzogth. Steiermark S. 652.

cessen vor dem obersten Landrichter¹). Dagegen haben die Sendmässigen in Kapitalsachen ihren Gerichtsstand vor dem obersten Landrichter, in anderen Fällen vor dem niederen Landgericht²).

Die Dienstmannen besitzen weiter in Oesterreich wie in Baiern im Gegensatze zu den Rittern, gleich wie die Grafen und Edelherren, gutsherrliche Gerichtsbarkeit und erscheinen somit auch in hervorragender Weise als Grundherren. Nach dem österreichischen Landrecht soll *dhain lanndrichter auf dhaines grafen guot, auf dhaines freien guot, noch auf dhaines dienstmans guot, die ze recht zu dem lannd gehorent, ob si es in urbar habent, ob si es verlihen habent, ob si es in vogtai habent, niht ze schaffen haben*³). Im Landfrieden König Rudolfs für Baiern vom Jahre 1281 wird bestimmt: *Doch beleibent gotsheusern, graven, freigen und dienstmannen iriu geriht, diu si ze reht angehorent*⁴), welche Bestimmung im Landfrieden von 1300 wiederholt wird⁵). In dem ersteren Gesetze werden noch in anderer Beziehung die Dienstmannen mit den Grafen und freien Herren zusammen den niederen Ständen gegenübergestellt, indem es heisst: *Svelich graf, frei oder dienstman iar und tach in offen banne ist, den sol man in die aeht tuon. Ist ez aber ein ander man, so sol man in uber sehs wochen in die aeht tuon*⁶).

Endlich besassen die Dienstmannen namentlich auch politische Rechte, während solche dem Ritterstande bis in's vierzehnte Jahrhundert hinein gar nicht zugestanden zu haben scheinen⁷). Mit den Grafen und freien Herren bildeten die Dienstmannen den Rath des Fürsten, wie

---

¹) Oesterr. Landr. Art. 1; vgl. Hasenöhrl S. 179 u. 180.
²) Oesterr. Landr. § 44.
³) Oesterr. Landr. Art. 46.
⁴) Quellen u. Erört. 5 S. 340.
⁵) Quellen u. Erört. 6 N. 217 S. 114.
⁶) Quellen u. Erört. 5 S. 344.
⁷) Vgl. Hasenöhrl. Oesterr. Ldr. S. 49 ff.

dies in dem mehrerwähnten ständischen Freiheitsbriefe von 1311 ausdrücklich gesagt ist, wenn es heisst: *daz wir unserm rat, graven, freyn und dienstman dar ueber volgen sueln* [1]); sie nahmen also wesentlichen Einfluss auf die Regierung des Landes, da der Fürst bei allen wichtigeren Regierungsgeschäften an die Zustimmung dieser Stände gebunden war. In Oesterreich wird die Mitwirkung der *fideles* und *ministeriales* bei Regierungshandlungen vielfach erwähnt [2]); so wird auch das Landfriedensgesetz König Rudolfs vom Jahre 1276 für Oesterreich, Steier, Kärnthen und Krain erlassen *ad consilium principum, — comitum, baronum, ministerialium* der obgenannten Länder [3]).

Diese angesehene Stellung der Dienstmannen im öffentlichen Rechte kommt auch im Sprachgebrauche zum Ausdruck, wenn dieselben in Oesterreich, wo sich überhaupt ihre Macht am stärksten entwickelte, seit Beginn des vierzehnten Jahrhunderts gewöhnlich als „Dienstherren" bezeichnet wurden [4]). Mit Rücksicht auf ihre politische Gleichberechtigung mit dem freien Adel wurden sie auch in den Quellen schon zu Ende des dreizehnten Jahrhunderts mit diesem unter der Gesammtbezeichnung der „Landherren" zusammengefasst und diese als höhere Stände den Rittern, als dem niederen unfreien Adel entgegengesetzt [5]). Dies geschieht, wie bereits bemerkt, mehrmals in der bekannten Erklärung der österreichischen Ritter und Städte von 1277 [6]). Auch das österreichische Landrecht erwähnt öfter die Landherren offenbar in dem angegebenen Sinne. So wird man in § 44, wenn als Herren der Ritter und Knappen

---

[1]) Quellen u. Erört. 6 S. 192.
[2]) Vgl. die Beispiele bei Hasenöhrl S. 50.
[3]) Mon. Boica 28b S. 401.
[4]) Vgl. Hasenöhrl S. 75; Fürth, Minist. S. 491.
[5]) Vgl. Hasenöhrl S. 76.
[6]) Vgl. oben S. 37 u. im Folgenden 67.

neben dem Lande, den Bischöfen und Gotteshäusern einfach die Landherren genannt werden¹), darunter zweifelsohne auch die Dienstmannen verstehen müssen, welche ja auch solche eigene Ritter besassen. Dasselbe dürfte nach dem früher Gesagten auch in denjenigen Stellen der Fall sein, worin bestimmt wird, dass der Herzog gewisse Regierungshandlungen nur nach Rath der Landherren vornehmen dürfe ²).

In baierischen Urkunden dieser Zeit werden zwar manchmal die Dienstmannen noch neben den Landherren angeführt, wo dann unter diesen nur Grafen und freie Herren zu verstehen sind ³); daneben erscheinen aber schon oft auch die Dienstmannen unter dieser Bezeichnung mit einbegriffen. So finden wir in der oben angezogenen Urkunde König Ludwigs von 1315 einige Male zwischen Landherren und Mitterleuten noch die Dienstmannen genannt, während dieselben an anderen Stellen fehlen und die Mitterleute unmittelbar auf die Landherren folgen ⁴). Noch deutlicher erscheint der weitere Begriff der Landherren in anderen Urkunden; 1293 heisst es in einer Hofordnung: *ir lantheren, graven, freyn dinstman, und ander edel laeut, swi si geheizzen sint* ⁵); 1311 im ständischen Freiheitsbriefe mehrere Male: *unsern lantherren, graven, freyn und dienstmannen* ⁶). Eine Urkunde von 1313 wird bestätigt: *mit unsern und unser lantherren insigeln, di niden an dem brief sint benennet* ⁷); unter den angeführten Zeugen, die hier als Landherren bezeichnet und deren Siegel angehängt sind, werden nach den Edelherren eine bedeutende Anzahl von

---

¹) Vgl. S. 33.
²) Oesterr. Landr. Art. 15, § 41, 91.
³) Vgl. S. 26 zu Anm. 4.
⁴) Vgl. oben S. 38.
⁵) Quellen u. Erört. 6 S. 13.
⁶) Quellen u. Erört. 6 S. 192.
⁷) Quellen u. Erört. 6 S. 223.

Ministerialen angeführt. So scheint auch in Baiern der Sprachgebrauch am Ausgang des dreizehnten Jahrhunderts, wenn auch noch schwankend, doch im Allgemeinen die Dienstmannen schon zu den Landherren zu rechnen, wie dies später durchaus zur Regel wird.

Fassen wir nun das Gesagte zusammen, so ergibt sich also nach allen Richtungen eine wesentliche Verschiedenheit, ja ein gewisser Gegensatz in der ganzen rechtlichen Stellung der beiden unfreien ritterlichen Ständeklassen. Waren die Dienstmannen von den freien Herren kaum anders als durch die ihnen anklebende, privatrechtlich immerhin noch wirksame Unfreiheit getrennt, so zeigt sich dagegen das Recht des unfreien Ritterstandes als ein wesentlich niedrigeres und beschränkteres. Treten die Dienstmannen bereits vorwiegend auf als Herren, Grundherren, Gerichtsherren, Landherren, so haben wir in den Rittern und Knechten die eigentlich dienende ritterliche Klasse zu sehen; wenn bei jenen das Moment der Unfreiheit in ihrer gesammten Stellung schon sehr zurücktrat, so galten diese noch insbesondere als die eigenen Leute.

9. Es erübrigt uns nur noch, einen Blick zu werfen auf die **Folgen dieser verschiedenen Rechtsstellung der Dienstmannen und Ritter**. Als solche erscheinen vor Allem die Unebenbürtigkeit dieser Stände vor Gericht und zur Ehe. Die erstere ergibt sich aus einer Bestimmung in der mehrfach genannten Erklärung der österreichischen Ritter und Städte, welche lautet: *Swer der ist, der mit den Lantherren und mit uns, den Steten, Rittern und Chnappen nicht envert, swenn iz der landesherre an in vodert, auf des schaden, der den vriden hat zebrochen, den sol der landesherre für sich gepieten und sol daz richten gegen einen Dienstmanne nach der lantherren rat, gegen den Steten und gegen den Rittern und chnappen nach der herren rat, die des landes rat gesworen habent, und nach der Stet, der Ritter und*

der chnappen rat ¹). Demnach erscheinen also die Ritter und Knappen unfähig als Urtheiler über Dienstmannen aufzutreten, nicht aber umgekehrt. Auf die Unebenbürtigkeit des Ritterstandes zur Ehe mit den Dienstmannen wurde bereits früher hingewiesen ²); wenn für den Ritter, um in den Stand der Dienstmannen einzutreten eine königliche Standeserhöhung gefordert erscheint, so kann dies auch keineswegs auffallen, wenn man bedenkt, wie mannigfach und von welcher Bedeutung in der That die Ehren und Rechte waren, welche die Ministerialen vor den Rittern auszeichneten.

Auch die bereits früher angeführten Bestimmungen des Schwabenspiegels über Schenkung und Freilassung von ritterlichen Eigenleuten dürften in den dargestellten Verhältnissen ihre Erklärung finden. So wird es leicht begreiflich erscheinen, dass eigene Ritter freier Herren durch die Schenkung an einen Fürsten nicht das Recht der fürstlichen Dienstmannen erhielten, sondern in ihrer bisherigen Lage verblieben, d. h. eben in die an Recht und Rang den Dienstmannen nachstehende unfreie Ritterschaft des Fürsten eintraten ³). Mit Rücksicht auf das Gesagte kann es aber, wie ich glaube, auch verständlich werden, wenn der Schwabenspiegel nur den von der Unfreiheit gelösten Dienstmann zum freien Herren werden lässt, nicht aber ebenso den ritterlichen Eigenmann ⁴); denn derselbe musste natürlich auch nach seiner Freilassung jener, um diese Zeit bereits den freien Herren wie den Dienstmannen zustehenden, hauptsächlich politischen Vorrechte entbehren, deren Mangel eben schon vorher den wesentlichsten Grund seiner niedrigeren Stellung gegenüber den Dienstmannen bildete und welche keineswegs nothwendig mit der Freiheit verbunden waren,

---

[1]) U. B. d. Landes ob d. Enns 2 S. 581.
[2]) Vgl. oben S. 21.
[3]) Vgl. oben S. 27.
[4]) Vgl. oben S. 23—25.

vielmehr als das Ergebniss einer eigenthümlichen historischen Entwickelung bestimmter Stände erscheinen. Die wesentlich und allein durch die Freiheit bestimmte rechtliche Stellung, das Recht der Gemeinfreien, war also nunmehr nur im Rechte der freien Landsassen rein ausgeprägt und so dürfte auch die Bestimmung des Schwabenspiegels, dass der freigelassene ritterliche Eigenmann freier Landsassen Recht erhalte, in diesem Sinne zu fassen sein, dass derselbe eben in rein landrechtlicher Beziehung dem bäuerlichen Vollfreien gleichstand, ohne die Vorrechte des freien Adels, wie die Dienstmannen, mit demselben zu theilen, während er andererseits daneben natürlich auch alle Vorzüge genoss, welche die Ritterbürtigkeit verlieh. Diese Auffassung scheint nun allerdings zur Annahme einer freien, ritterlichen Klasse unter den freien Herren zu führen, was wiederholt in Abrede gestellt wurde. Allein jene Folgerung scheint mir für diese Zeit doch keineswegs nothwendig. Wir werden da zu bedenken haben, dass Freilassungen solcher Ritter doch nur sehr vereinzelt, jedenfalls wenigstens nicht so häufig vorgekommen sein werden, dass die Freigelassenen eine eigene, für sich abgegrenzte Klasse hätte bilden können. Vielmehr wird es sich da, wo in solchen Fällen nicht etwa eine Standeserhöhung zur Freilassung hinzutrat, nur um individuelle Uebergangsstellungen handeln, wie ähnliche thatsächlich immer vorgekommen sein dürften, umsomehr in einer Zeit, wo überhaupt die ganze ständische Ordnung bereits einer Umbildung entgegengieng, indem die bisher massgebenden Momente der Freiheit und Unfreiheit immer mehr an Bedeutung verloren und Beruf und politische Berechtigung in einem Lande als entscheidende Gesichtspunkte an ihre Stelle traten. Und gerade der Verlauf und das Resultat dieser Bewegung, wie es sich in Süddeutschland, insbesondere in Oesterreich, darstellt, scheint die oben angegebene Auffassung zu rechtfertigen; denn mit der sinkenden Bedeutung der

Unfreiheit verschmolzen hier die Ministerialen mit dem freien Adel immer fester zu einem einzigen Stande der Landherren oder Herren, während die Ritter nach dem Erlöschen des Bewusstseins ihrer Unfreiheit in der That als niederer Adel eine eigene ritterliche Standesklasse bildeten [1]).

10. Wenn nun weiter im **Schwabenspiegel die Bezeichnung Dienstmannen durchwegs auf die eigenen Ritter der Fürsten eingeschränkt wird** [2]), während sich doch in den Urkunden seit frühester Zeit auch Ministerialen von Grafen finden, so könnte diese Anschauung vielleicht ebenfalls mit der Umgestaltung des alten Verhältnisses von Dienstmannen und Milites im Zusammenhange stehen. Diese Umgestaltung bestand, wie sich zeigte, hauptsächlich in einer wesentlichen Veränderung und Verbesserung des Rechtes und einem gewaltigen Aufschwunge der Macht der Dienstmannen, während die Stellung des unfreien Ritterstandes sich nicht so bedeutend von dem der älteren Milites unterschieden zu haben scheint.

Diese ganze Bewegung und Ausbildung jener Zustände scheint nun besonders hervorgerufen und abhängig von der gleichzeitigen Ausbildung der Territorialgewalt, der Abschliessung bestimmter Landeshoheitsgebiete. Wurde der Fürst zum Landesherrn, so kamen dadurch seine Dienstmannen gegenüber den Dienstmannen der Grafen gewissermassen in eine ähnliche Lage, wie früher die Reichsdienstmannen gegenüber allen anderen. Wie bei diesen die unmitelbare Abhängigkeit vom Reichsoberhaupte die Quelle eines besonderen Ansehens und Vorranges, sowie besonderer Vorrechte [3]) vor den Dienstmannen der wieder vom Reiche abhängigen Fürsten und

---

[1]) Vgl. Hasenöhrl S. 76, 77.
[2]) Vgl. oben S. 3.
[3]) Vgl. Fürth, Minist. S. 119 ff.; Zoepfl, Rechtsgesch. 2 S. 172.

Grafen war, so lag nun bei jenen in der unmittelbaren Verbindung mit dem Landesherren ein Moment, welches diese landesfürstlichen Dienstmannen über die Dienstmannen der selbst der fürstlichen Hoheit unterworfenen Grafen erheben konnte. Nur die fürstlichen Dienstmannen konnten sich in einem Landeshoheitsgebiete zu jener Stellung emporschwingen, welche sich nach den oben angeführten Zeugnissen für die baierischen und österreichischen Dienstmannen ergibt, nur sie konnten zu einer solchen politischen Berechtigung gelangen, durch welche sie als Landherren dem freien landsässigen Adel an die Seite traten. Andererseits war aber gerade für sie die Erlangung politischer Rechte fast von selbst durch ihre persönliche Stellung zum Fürsten gegeben. Waren die Fürsten schon früher bei ihren Verfügungen vielfach an die Zustimmung ihrer Dienstmannen gebunden, bildeten dieselben den persönlichen Rath des Fürsten, so lag es eben nahe, dass sie, als die Stellung des Fürsten sich änderte und derselbe zum Landesherren wurde, denselben Einfluss auch auf die Regierungshandlungen des Fürsten ausübten und dass so die ursprünglich nur im Dienstverhältniss begründeten Rechte eine politische Natur annahmen, zumal das dienstrechtliche Verhältniss schon anfieng, in ein lehenrechtliches überzugehen und die Dienstmannen auch an äusserer Macht, an Land und Leuten, den freien Landherren ebenbürtig waren.

Dies Alles konnte aber nicht ebenso bei den Ministerialen der Grafen zutreffen, hier fehlten eben die Ursachen, die eine ähnliche Veränderung in der Stellung derselben hätten hervorbringen können, wie bei den Dienstmannen der Fürsten. Allerdings konnte nun deswegen immerhin auch jenen die Bezeichnung als Dienstmannen unverändert verbleiben. Allein, einmal mochten sich nach dem Gesagten doch thatsächlich die Dienstleute eines Grafen nach ihrer gesammten Stellung von den Dienstmannen des Landesherrn nunmehr viel wesentlicher unterscheiden, als von dem unfreien Ritterstande; dazu kommt noch, dass gerade in Baiern im Laufe des dreizehnten Jahrhunderts die Grafengeschlechter bis auf wenige ausstarben, so dass auch die Zahl gräflicher Dienstmannen immer geringer wurde. So konnte der Schwabenspiegel allerdings leicht Veranlassung nehmen, dieselben gar nicht mehr besonders von den eigenen Rittern der freien Herren zu unterscheiden und nur die durch ihre Stellung vor allen anderen ritterlichen Unfreien entschieden hervorragenden fürstlichen Dienstmannen mit diesem Titel auszuzeichnen. Uebrigens lässt ja auch die betreffende Stelle des Schwabenspiegels auf ein Schwanken im Sprachgebrauche schliessen, wenn der Bestimmung, dass Niemand Dienstmannen haben könne, als die Fürsten, der Satz hinzugefügt wird: *swer anders giht, er habe dienest man, der seit vnrechte, si sint alle ir eigen, die si hant* [1]). Man könnte daraus schliessen, dass entgegen der Anschauung und Forderung des Schwabenspiegels die Bezeichnung Dienstmannen thatsächlich auch noch von Anderen in Anspruch genommen wurde.

Die Darstellung des Schwabenspiegels scheint sich aber doch auch nach urkundlichen Zeugnissen wenigstens insoweit zu bestätigen, als sich zu Ende des dreizehnten Jahrhunderts in Baiern wirklich verschiedene Male gräfliche Dienstleute nur als Milites angeführt finden. So in einer Urkunde von 1281 die Leute des Grafen Wernher von Leonberg, sowohl im Text: *exceptis tribus rusticis, quorum uxores et pueri ad eum vel ad suos milites pertinere dinoscuntur*, als auch in der Zeugenreihe [2]). Ebenso 1295 die Leute des Grafen von Hals [3]), welche in älteren Urkunden regelmässig als Ministerialen bezeichnet wurden.

---

[1]) Schwsp. Ldr. c. 308.
[2]) Quellen u. Erört. 5 S. 334, 335.
[3]) Quellen u. Erört. 6 S. 69.

Namentlich aber zeigt eine baierische Urkunde vom Jahre 1281 eine auffallende Uebereinstimmung mit der Darstellung des Schwabenspiegels, in welcher es heisst: *Sprichet ein furst den andern vursten an, der sol sich heizzen bereden oder den schaden heizzen berechten mit dreier siner dinstmannen; oder wil er nicht heizzen berechten, so sol in dirr vurst, der in anchlaget heizzen berechten siner dinstmannen dri. Sprichet ein ander man einen fursten an, der sol sinen schaden selb dritte berechten als vorgesprochen ist. Dazselbe recht stet einem graven oder einem vrien herren Hintz siner manne drin, mit den sol er bereden oder berechten* [1]). Also auch hier wird von Dienstmannen nur bei Fürsten, bei Grafen und freien Herren dagegen nur von ihren Mannen (Eigenmannen) gesprochen.

Um nun aber einen allgemeinen derartigen Sprachgebrauch constatiren zu können, müsste sich freilich eine grössere Menge von Belegen finden, aus welchen hervorgienge, dass die Bezeichnung gräflicher Leute als Milites oder Ritter seit dieser Zeit wenigstens die Regel, die als Ministerialen oder Dienstmannen nur mehr die Ausnahme bilden würde, was ich jedoch nicht nachzuweisen in der Lage bin; die angeführten Stellen können vorläufig genügen.

---

[1]) Mon. Boica 29b S. 587.

Beilage.

Zur Bedeutung des Ausdruckes „Sendbar".

1. Die Frage nach der Bedeutung des vorzugsweise in den Quellen des dreizehnten Jahrhunderts und zwar namentlich in Urkunden aus der Zeit Friedrichs II. und später in den grossen süddeutschen Rechtsbüchern als Bezeichnung von Standesverhältnissen vorkommenden Ausdruckes „Sendbar" (Semper, Sendmässig, Synodalis) ist schon vielfach erörtert worden, ohne dass sie eine durchaus befriedigende Lösung gefunden hätte.

Nach der Ableitung von Send (Synodus, Gerichtsversammlung, Gericht) bezeichnet dieses Wort zunächst wohl entsprechend dem Ausdrucke Schöffenbar die Zuständigkeit und Vollberechtigung einer Person in einem bestimmten Gericht[1]). Der Begriff der in den Quellen als Homines synodales, Semperfreie und Semperleute auftretenden Personenklassen ist nun aber keineswegs überall derselbe; insbesondere werden auch im Deutschen- und Schwabenspiegel mit den letzteren Ausdrücken offenbar ganz verschiedene Stände bezeichnet. Dafür ergab sich eine nächstliegende Erklärung aus der eben angegebenen Grundbedeutung von Sendbar, indem man annahm, dass, abgesehen von denjenigen Stellen, wo es sich um die Schöffenbarkeit im geistlichen Sendgerichte handelt, unter den Sendbarfreien in der Regel die im Gerichte des Kaisers sendbaren Personen zu verstehen

---

[1]) Zöepfl, Alterthümer des deutschen Reichs und Rechts 2 S. 128, 218.

seien ¹), während an anderen Orten von sendbaren Leuten in Bezug auf das Grafengericht die Rede sei ²). Mit dem Nachweis der Unhaltbarkeit der bisherigen Auffassung des in den süddeutschen Spiegeln vorgetragenen Ständesystems, insbesondere auch bezüglich der hier hervortretenden Semperfreien ³), wird jedoch selbstverständlich auch jene ganze Erklärung unzutreffend.

Indessen gelang es Hasenöhrl, die Bedeutung des Ausdruckes Sendmaessig in österreichischen Quellen in unzweifelhafter Weise festzustellen ⁴). Derselbe erscheint hier, wie bekannt, als eigenthümliche Bezeichnung jener unter den Dienstmannen stehenden unfreien, ritterlichen Personenklasse, die wir sonst im südlichen Deutschland regelmässig speziell als Milites oder Ritter, in Oesterreich sehr gewöhnlich als Rittermässige bezeichnet finden. Es stellt sich nun aber heraus, dass dieser Sprachgebrauch keineswegs als ein den österreichischen Quellen eigenthümlicher angesehen werden darf, indem auch der Schwabenspiegel unter den als siebente Heerschildsklasse aufgeführten „semperen Leuten" offenbar jenen unfreien Ritterstand zu verstehen scheint ⁵). Ergibt sich somit allgemein ein abwechselnder Gebrauch der Bezeichnungen sendmässige oder sendbare Leute und rittermässige Leute oder Ritter in einer speziellen engeren Bedeutung dieser letzteren, so wird uns dies auf den Gedanken führen können, dass möglicherweise der Ausdruck Sendbar im Sprachgebrauche jener Zeit überhaupt als gleichbedeutend mit Ritterlich oder Ritterbürtig genommen worden sein dürfte. Ich habe nun bereits in vorstehender Arbeit gelegentlich die Ansicht ausgesprochen, dass mir dies auch in der That der Fall

---

¹) Goehrum, Ebenbürtigkeit 1 S. 227, 228.
²) Zoepfl, Rechtsgesch. 2 S. 85 Anm. 1.
³) Vgl. Ficker, Vom Heerschild S. 140 ff.
⁴) Hasenöhrl, Oesterr. Ldr. S. 78 ff.
⁵) Vgl. oben S. 49 ff.

zu sein scheint¹). Da jedoch die nähere Begründung derselben durch den Nachweis der genannten Bedeutung von Sendbar im Einzelnen dort zu lange und zu weit vom eigentlichen Gegenstande abgeführt hätte, so glaubte ich dieselbe besser in dieser selbständigen Form nachtragen zu sollen²).

2. Sehen wir zunächst auf die österreichischen Quellen, in welchen sich der fragliche Ausdruck in der Form „sendmässig" verhältnissmässig am häufigsten findet, so scheint mir derselbe hier keineswegs ausschliesslich als Bezeichnung des niederen Ritterstandes, sondern daneben auch im allgemeinen, eigentlichen Sinne von ritterlich gebraucht zu sein.

Diese Bedeutung ergibt sich einmal, wie ich glaube, in der von Hasenöhrl citirten Stelle aus dem Wiener Stadtrecht von 1296: *Wir verleihen auch den vorgenanten purgern von besunderlichen genaden, daz sie sich vrävn Sentmäzziges rechtes vnd Sentmäzziger gestalt ze bringen bezeugenusse, chlage ze tvn, lehen ze nemen vnd ze haben, vnd lehen ze laihen, vnd an andern islichen häftigen geschäften ze tvn*³). Die ganze Stelle ist wörtlich aus dem Privileg König Rudolfs für Wien herübergenommen, nur dass die hier als sendmaessiges Recht aufgeführten Befugnisse dort als ritterliches Recht bezeichnet erscheinen⁴). Nun kann aber hier doch wohl nicht angenommen werden, dass damit speziell das Recht der unfreien Ritter und Knechte gemeint sei, sondern zweifellos überhaupt die Stellung ritterlicher Leute, die Rechte der Ritter-

---

¹) Vgl. oben S. 50.
²) Auch hier liegt es jedoch nicht in meiner Absicht, die Frage über Begriff und Bedeutung von sendbar in erschöpfender Weise zu behandeln und werde ich auch den erwähnten Nachweis hauptsächlich nur für das mir durch vorliegende Untersuchungen näher vertraute Quellenmateriale, namentlich die süddeutschen Rechtsbücher, zu liefern versuchen.
³) Hormayr, Wien 2, U. B. S. 44.
⁴) Vgl. Hasenöhrl a. a. O. S. 83.

bürtigkeit, wie ja zumal die Lehensfähigkeit als unmittelbare und wesentlichste Folge derselben und allen ritterlichen Ständen gemeinsam mit Fug allgemein als ritterliches Recht bezeichnet werden konnte.

Auch im österreichischen Landrecht dürfte in Art. 41 möglicherweise der Ausdruck Sendmaessig in diesem weiteren Sinne zu fassen sein, wenn bestimmt wird: *Es ensol niemant dhain volg haben nach rechtem lehen, nur ain sentmessig man und ain erbburger, der sein recht wol herpracht hat.* Jedenfalls schiene eine solche Auffassung von Sendmaessig in dieser Bestimmung als zunächstliegend und am natürlichsten. Ueberdies liesse sich dafür noch die Analogie mit Art. 12 des Landrechtes geltend machen, wo bei ganz entsprechender Fassung der Ausdruck Rittermässig und zwar, wie ich glaube, unverkennbar in seiner eigentlichen Bedeutung gebraucht ist, indem es heisst: *Es sol auch niemant nindert kamph vechten, denn der rittermessig ist.*

3. In den **süddeutschen Urkunden** findet sich sonst der Ausdruck Sendbar nur selten; doch lässt sich auch hier der angenommene Sprachgebrauch mit ziemlicher Sicherheit erweisen. Besonders beachtenswerth scheint mir in dieser Hinsicht eine Handfeste des Abtes von St. Gallen für die Stadt St. Gallen vom Jahre 1272, in welcher sich folgende Stelle findet: *Wir virgehin ouch an disem selbin brieve, daz wir von deheinem menschen, der nit semper ist, noch burger recht hat, mit swelm anderm rechte er unser gotshus anhort unde der doch zi sante Gallin sezhaft ist unde den burgern wachen hilft unde dem riche stiure gebin, deheine ansprache an in alder an sine erbin sulin habin;* und später heisst es: *Wir virgehin auch, swer ein semper man ist alde burgerrecht hat, daz den nicman ierrin sol er muge mit sinin kindin kommin ze kloster alde ze der e swar er wil* [1]).

---

[1]) U. B. der Abtei St. Gallen 3 S. 196.

Es frägt sich nun zunächst, welche Personen hier als Semperleute bezeichnet werden. Aus der ersten Stelle ergibt sich mit Bestimmtheit, dass wir dieselben unter jenen Leuten suchen müssen, welche gleich den Bürgern in einem Abhängigkeitsverhältnisse vom Kloster standen und zwar deutet ihre Stellung auf eine den letzteren im Range voranstehende Klasse. Man könnte da nun zunächst wieder an dieselben Personen denken, welche auch im schwäbischen Lehenrechte als Semperleute aufgeführt werden, also an die niederen unfreien Ritter des Klosters. Allein, solche werden in den Urkunden von St. Gallen niemals auf irgend eine Weise erwähnt. Es scheint vielmehr zweifellos, dass darunter die Dienstmannen des Klosters gemeint sind, welche die oberste Klasse unter den Hörigen desselben bildeten und auch in anderen gleichzeitigen Urkunden regelmässig mit den Bürgern der Stadt und vor denselben genannt sind. Dieser an und für sich befremdende Gebrauch des Ausdruckes Semperleute als besondere Bezeichnung der beiden sonst strenge geschiedenen Klassen der Dienstmannen und niederen ritterlichen Eigenleute erklärt sich leicht, wenn man sendbar als synonym mit ritterlich betrachtet. In diesem Falle konnte man nämlich die Dienstmannen ebensowohl als sendbare Leute bezeichnen, wie sie nicht selten auch insbesondere als Milites oder Ritter den anderen Ständen gegenübergestellt werden.

Und gerade im vorliegenden Falle deuten die besonderen Umstände bestimmt genug darauf hin, dass die Ausdrücke *semper* und *semper man* unzweifelhaft genau den Ausdrücken Ritterlich und Ritter entsprechen. In dieser Beziehung muss nämlich auf den in St. Galler Urkunden herrschenden Sprachgebrauch hingewiesen werden, wonach das Moment der Ritterbürtigkeit bei den Dienstmannen überhaupt ganz besonders betont erscheint. So führen die einzelnen Ministerialen sehr häufig in ihrem Titel ausdrücklich die Bezeichnung Miles

z. B. *D. de Windegge, miles, nostri monasterii ministerialis* [1]) oder *C. pincerna de Landegge, miles, ministerialis sancti Galli* [2]) und ebenso wird auch dieser Stand in den Zeugenreihen vielfach als Milites vor den Bürgern aufgeführt. So in einer Urkunde vom Jahre 1277: *testibus*: Geistliche, ein Edelherr, — *militibus* — *burgensibus sancti Galli et aliis quam pluribus* [3]); ebenso in einer Urkunde von 1278: *presentibus*: ein Geistlicher, — *militibus*, — *civibus oppidi sancti Galli* [4]). Aehnlich werden 1282 in einer Urkunde als Bürger aufgeführt: — *comites*, — *nobiles*, — *milites*, — *cives Constantienses* [5]). Dass wir unter den als Milites aufgezählten Personen wirklich überall Dienstmannen und nicht etwa niedere ritterliche Unfreie zu sehen haben, ergibt sich mit Bestimmtheit, da viele derselben sich anderwärts ausdrücklich als Ministerialen bezeichnet finden.

Gerade den ebenfalls vom Stifte abhängigen und ebenfalls in angesehener Stellung befindlichen Bürgern gegenüber erscheint eben für die Dienstmannen die ritterliche Lebensweise als das wesentlich auszeichnende Moment und konnten dieselben daher bei dem Fehlen einer zweiten Klasse ritterlicher Unfreier leicht allgemein als die Ritter bezeichnet werden. Und eben dieser Gegensatz von Rittern und Bürgern soll wohl auch zweifellos zum Ausdruck kommen, wenn in den oben angeführten Stellen als die hauptsächlichsten Klassen der Hörigen des Klosters die Semperen und die Bürger genannt werden.

4. Wenden wir uns nun weiter zur Untersuchung der Bedeutung des Wortes Sendbar in den beiden süddeutschen Rechtsspiegeln. Da der Begriff der

---

[1]) U. B. d. Abtei St. Gallen 3 S. 214 Urk. a. 1278.
[2]) U. B. d. Abtei St. Gallen 3 S. 235 Urk. a. 1283.
[3]) U. B. d. Abtei St. Gallen 3 S. 205.
[4]) U. B. d. Abtei St. Gallen 3 S. 212.
[5]) U. B. d. Abtei St. Gallen 3 S. 230.

Semperleute des Lehenrechtes bereits früher festgestellt wurde, so handelt es sich hier noch um die Bezeichnung Semperfrei, welcher wir im Landrecht dieser Rechtsbücher zuerst und ziemlich oft begegnen.

Wenn nun beide Spiegel am Eingang des Landrechts die Gar- oder Semperfreien als die oberste Standesklasse hinstellen, Fürsten und hohe Freie umfassend[1]), so kann ein Zusammenhang dieses Begriffes mit der von uns bisher nachgewiesenen Bedeutung von Sendbar allerdings nicht angenommen werden. Allein, diesen Sinn hat der Ausdruck Semperfrei offenbar nicht an allen Stellen. Manche der für die Semperfreien ausgesprochenen Bestimmungen lassen sich nämlich entschieden nicht auf Fürsten und hohe Freie einschränken, haben vielmehr erweislich für einen viel weiteren Kreis von Personen Geltung; und zwar finden sich, wie ich glaube, genügende Anhaltspunkte für die Annahme, dass hier der Begriff semperfrei als identisch mit ritterlichfrei aufzufassen sein dürfte.

Diese Bedeutung der Semperfreien scheint sich einmal zu ergeben in Deutschensp. c. 62, Schwabensp. c. 70 b. Die Stelle lautet im Deutschenspiegel: *Es enist nieman gar vrei, wan des vater vnd des muoter vnd der vater vnd der muoter sentper vreien warn; die von den mittern vreien sint geporn, die sint mitter vreien; und ist halt der muoter sentper vrei vnd des vater muoter vrei, der chint werdent mitter vreien. Ingenuus daz sprichet in taeutze der hoechste vrei, Libertinus der mitter vrei, liber Lantsezzen vreien.* Der Wortlaut derselben im Schwabenspiegel stimmt mit diesem vollkommen überein, nur wird dort am Beginne der Ausdruck *gar vrei* durch *semper vri* ersetzt und geschieht sodann auch des zweiten möglichen Falles einer Standesungleichheit der Eltern Erwähnung: *vnd ist der vater semper*

---

[1]) Deutschsp. c. 9, Schwsp. Ldr. Vorr. h.

vri vnd die muoter mitel vri, div kint werdent aber mitel vrien.

Dass in dieser Stelle die Ausdrücke Semperfrei und Mittelfrei nicht in jenem bei ihrer ersten Erwähnung mit denselben verbundenen Sinne gebraucht sein können, liegt auf der Hand, nachdem sich die Scheidung der dort als Semperfreie und Mittelfreie bezeichneten Klassen als eine blos lehenrechtliche erweist, welche selbstverständlich nicht von Einfluss auf die Ehen zwischen denselben und den Stand der Kinder sein konnte. Aber, selbst wenn man dieselben als landrechtliche Klassen auffassen wollte, würde der hier ausgesprochene Grundsatz, wonach bei Ehen zwischen Freien verschiedener Klassen das Kind der ärgern Hand zu folgen hätte, der diesbezüglich von jeher geltenden und auch im Sachsenspiegel ausdrücklich vorgetragenen Rechtsanschauung [1]), sowie auch noch der späteren Rechtspraxis widersprechen [2]).

In Berücksichtigung dieser Umstände wurde denn auch schon von Anderen eine abweichende Bedeutung der hier genannten Semperfreien und Mittelfreien angenommen. Unter Hinweis darauf, dass die vorstehende Stelle offenbar nach dem Muster jener Bestimmung des Sachsenspiegels gearbeitet erscheint, worin von den aus der Ehe einer schöffenbarfreien Frau mit einem Biergelten oder Landsassen für die Kinder entstehenden Rechtsfolgen gesprochen wird [3]), hat man nämlich die Ansicht ausgesprochen, dass unter den Semperfreien alle Voll-

---

[1]) Sachssp. Ldr. 1, 16 § 2; 3, 72.
[2]) Vgl. Zoepfl, Rechtsgesch. 3 S. 90—92. Die Annahme, dass etwa der Verfasser des Deutschenspiegels mit diesem Satze eine neue Theorie aufstellen wollte, erscheint als durchaus unwahrscheinlich, zumal, da auch ein Missverständniss des bekannten Reichsrechtsspruches Rudolfs I. von 1282 (Mon. Germ. Leg. 2 S. 439) bei der unzweifelhaft früheren Entstehung beider Rechtsbücher (vgl. Ficker, Ueber die Entstehungszeit des Schwabenspiegels) dafür nicht geltend gemacht werden kann.
[3]) Sachssp. Ldr. 3, 73 § 1.

freien im Sinne der in der Vorlage genannten Schöffenbarfreien, unter den Mittelfreien aber eine den sächsischen Biergelten oder Pfleghaften entsprechende Klasse verstanden sein dürfte [1]). Diese Annahme findet auch eine wesentliche Unterstützung in der zugefügten lateinischen Uebersetzung der Worte Semperfrei, Mittelfrei und Landsassenfrei, indem die dazu gewählten lateinischen Ausdrücke allerdings so ziemlich für die Begriffe der drei sächsischen freien Klassen passen würden.

Allein trotzdem ergeben sich eine Reihe gewichtiger Bedenken gegen die Zulässigkeit dieser Erklärung. Vor Allem wird nämlich zu beachten sein, dass die sächsische Eintheilung der freien Stände den süddeutschen Standesverhältnissen durchaus nicht entspricht, sowie auch aus anderen Stellen deutlich hervorzugehen scheint, dass den Verfassern der süddeutschen Spiegel jene Standesbegriffe keineswegs klar und verständlich waren [2]). Und gerade an unserer Stelle scheint ein so genauer, auch begrifflicher Anschluss an die Ständegliederung der Vorlage um so weniger wahrscheinlich, da dieselbe nicht, wie so viele andere, unverändert oder mit nur unbedeutenden Modificationen aus dem Sachsenspiegel herübergenommen ist, sondern wesentliche selbständige Umarbeitung durch den Verfasser des Deutschenspiegels zeigt.

Weiter müsste doch auch bei jener Auffassung ein Missverständniss der erwähnten Sachsenspiegelstelle von Seite des Deutschenspieglers angenommen werden, da nach den Grundsätzen des Sachsenspiegels die Ehen zwischen Schöffenbaren und Biergelten oder Landsassen keineswegs als Missheiraten angesehen werden dürfen [3]).

---

[1]) Vgl. Zoepfl, Alterthümer S. 217 ff. u. Ficker, Vom Heerschild S. 148.

[2]) Vgl. Ficker, Vom Heerschild S. 147, 149.

[3]) Vgl. Schroeder. Zur Lehre von der Ebenbürtigkeit im Sachsenspiegel, in der Zeitschrift für Rechtsgeschichte 8 S. 468 ff.

Endlich aber liegt nach meiner Ansicht ein wesentliches, nicht zu übersehendes Moment, das gegen jene Annahme sprechen kann, in der für die Geburt zum Stande der Semperfreien aufgestellten Forderung der Abstammung von semperfreien Eltern und Grosseltern. Diese ausdrückliche Ausdehnung der Bedingung der Standesgleichheit auch auf die Grosseltern scheint mir nämlich mit ziemlicher Sicherheit darauf hindeuten zu können, dass es sich hier überhaupt nicht um die Geburt zu einer bestimmten, lediglich durch das rein landrechtliche Moment einer höheren oder der vollen Freiheit ausgezeichneten Standesklasse handeln dürfte. In diesem Falle müsste nämlich als Bedingung für die Erlangung der Semperfreiheit doch auf jeden Fall die Abstammung von semperfreien Eltern schon vollkommen genügend erscheinen. Können diese ihren Stand selbst regelmässig nicht anders als durch Geburt erlangt haben, (und die Stelle scheint auch offenbar nur diesen Fall im Auge zu haben), so hat derselbe eben schon zur nothwendigen und darum selbstverständlichen Voraussetzung die Standesgleichheit aller vier Grosseltern; die weitere besondere Forderung derselben erscheint also als überflüssig und sinnlos [1]). Aber auch wenn man den möglichen Fall des Erwerbes der Freiheit durch Freilassung in Betracht zieht, lässt sich ein Zusammenhang jener Forderung mit dem in den Kapitularien hervortretenden Grundsatz, dass der ungeschmälerte Genuss der vollen Freiheit erst für die Enkel des Freigelassenen eintritt [2]), wohl nicht annehmen [3]). Einmal handelt es sich nämlich dort überhaupt nicht um den Erwerb eines Standesrechtes im Allgemeinen, sondern der Befreiung von einer verein-

---

[1]) So ist denn auch in Sachssp. 1, 16 § 2 ganz entsprechend nur vom Stande der Eltern die Rede.

[2]) Capit. a. 803 c. 10 (Mon. Germ. 1 S. 118).

[3]) Vgl. Eichhorn, Staats- und Rechtsgesch. S. 540; Walter, Rechtsgesch. S. 478.

zelten Beschränkung im Gebrauche desselben. Dann aber lässt sich die Geltung eines solchen Grundsatzes für die spätere Zeit gar nicht mehr nachweisen, am allerwenigsten in den bezüglichen Angaben der Spiegel [1]), welche dem freigelassenen Eigenmann oder Dienstmann ohne Weiteres das Recht einer bestimmten Standesklasse zusprechen, ohne dass eine zeitliche Bedingung des vollkommenen Erwerbes oder eine rechtliche Beschränkung des ersten Erwerbers festgesetzt wäre [2]).

Die Schwierigkeiten dieser Stelle lassen sich nun aber meines Erachtens am einfachsten und besten beheben, wenn wir annehmen, dass der Verfasser, entsprechend jener in den gleichzeitigen Quellen früher nachgewiesenen Bedeutung von Sendbar, unter den Semperfreien hier alle rittermässigen Freien, einschliesslich der sonst als Mittelfreie bezeichneten lehenrechtlichen Personenklasse verstanden habe.

Zu dieser Annahme führt uns auch schon ausser dem erwähnten Sprachgebrauche gerade jene Forderung der vier standesgleichen Ahnen für die Erlangung des semperfreien Standes, an welcher wir bei jeder anderen Auffassung der Semperfreien nothwendig Anstoss nehmen müssen. Dieser Ahnenbeweis ist nun eben vorzugsweise bekannt als Bedingung der Ritterbürtigkeit, der Geburt zum Ritterstande im Allgemeinen. An die Abstammung von vier ritterlichen Ahnen waren allein alle Vorrechte und Auszeichnungen geknüpft, die auch der ritterlich Lebende, welcher aber nicht von Ritters Art war, entbehren musste [3]). Es liegt also nahe, aus der be-

---

[1]) Sachssp. 1, 16 § 1; 3, 80 § 2, Schwsp. Ldr. c. 156.
[2]) Vgl. auch im Folgenden S. 92, Anm. 1.
[3]) So insbesondere Lehensfähigkeit und Heerschild, Sachssp. Lehenr. 2 § 1 (vgl. Homeyer, System des Lehenr. S. 300) und Glosse zu Sachssp. Ldr. 3, 19, ebenso das Kampfrecht mit Ritterlichen, Constitutio Friderici I. a. 1156 c. 10; vgl. ferner kleines Kaiserrecht (ed. Senkenberg) 3 c. 5 und Homeyer, System S. 304, Nr. 7 u. 8.

kannten Voraussetzung auf den unbekannten Stand zu schliessen.

Eine solche Ausdehnung des Begriffes der Semperfreien würde dann selbstverständlich auch eine entsprechende Aenderung in der Bedeutung der auch hier unmittelbar auf dieselben folgenden Mittelfreien bedingen, in welchen man darnach offenbar bäuerliche Freie zu sehen hätte [1]).

Für diese Auffassung der in unserer Stelle auftretenden Personenklassen lässt sich nun ganz im Gegensatz zu jener vorhin erwähnten Erklärung gerade die Uebereinstimmung mit den eigenthümlichen Standesverhältnissen des Südens geltend machen, indem jene Begriffe sich genau an die hier thatsächlich geltende Eintheilung der Freien in freie Ritter oder freie Herren im weiteren Sinne des Wortes (von denen nur die Fürsten als ein besonderer Stand hervortreten), und freie Bauern anschliessen würden.

Gehen wir also von der Voraussetzung aus, dass es sich in den fraglichen Bestimmungen um eine Gegenüberstellung der ritterlichen und bäuerlichen Freien handle, so verschwindet auch das Auffällige derselben, ja sie erscheinen durchaus im Einklange mit anderweitig bekannten Rechtsgrundsätzen. Unterscheiden sich nach obiger Auffassung die Semperfreien von den Mittelfreien wesentlich nicht anders als durch ihre Ritterbürtigkeit, in deren Verbindung mit der Freiheit allein die Rechte und Vorzüge der freien Herren begründet waren, so er-

---

[1]) Wenn die Endglosse den Mittelfreien als *libertinus* bezeichnet und dann noch eine Klasse freier Landsassen nennt, von welchen aber im Texte der Stelle keine Rede ist und während sonst in den süddeutschen Rechtsbüchern alle bäuerlichen Freien unter dieser Bezeichnung verstanden werden (Deutschensp. c. 3, Schwsp. Ldr. Vorr. h), so mag es dahingestellt sein, welchen Begriff der Verfasser mit diesen Mittelfreien eigentlich verband und welche Bedeutung dieser ganzen Glosse überhaupt beizulegen sein wird.

klärt es sich leicht, wenn die Bedingung der rittermässigen Geburt auch als Bedingung für die Erlangung dieses Standes aufgestellt wird.

Wenn weiter bei Ehen zwischen ritterlichen und bäuerlichen Freien den Kindern das Recht des niedriger stehenden Elterntheiles zugesprochen wird, so erscheint dies in dem von dem Deutschenspiegel allein erwähnten Falle der Ehe eines Bauers mit einer Ritterlichen auch als selbstverständlich. Bestimmt der Schwabenspiegel dasselbe auch für den umgekehrten Fall, so dürfte dies wohl nicht so zu verstehen sein, dass die Kinder eine bäuerliche Lebensweise hätten führen müssen. Doch verloren sie jedenfalls die Ritterbürtigkeit und alle an dieselbe geknüpften Rechte, waren also jedenfalls in allen diesen Beziehungen dem Vater unebenbürtig[1]). Schon um der daraus entspringenden lehenrechtlichen Nachtheile willen mochten aber solche Ehen überhaupt nicht leicht vorgekommen sein, so dass man diesen Satz vielleicht nur als theoretische Ergänzung des Schwabenspieglers zu betrachten haben dürfte.

5. Die Annahme dieser weiteren Bedeutung der Semperfreien erscheint nun aber auch an anderen Stellen der süddeutschen Spiegel auffallend nahe gelegt. So zunächst, wenn in Deutschensp. c. 71e, womit Schwabensp. c. 79 III. vollkommen übereinstimmt, der Satz ausgesprochen wird: *Swelch sentper vreier man einen seinen genoz anspricht ze champhe, der bedarf gewizzen seiner vier anen vnd muoz sev auch nennen ob ener wil, den er da an gesprochen hat; oder nennet er im ir niht er gewaeigert in wol chanphes.* Der den Semperfreien zum Beweis des Kampfrechts mit Standesgenossen auferlegte Nachweis der vier Ahnen dürfte es wohl ausser Zweifel stellen, dass wir hier in denselben ganz dieselbe Personenklasse, wie in jener vorher behandelten Stelle zu er-

---

[1]) Vgl. Glosse zu Sachssp. Ldr. 1, 5 und Lehenr. 20.

blicken haben werden. Wurde nun dort gerade dieses Erforderniss für die semperfreie Geburt als ein Beweismoment für unsere Auffassung dieses Standes geltend gemacht, so bestätigt sich hier die Richtigkeit jenes Schlusses. Hier handelt es sich ja gerade um das unmittelbar mit der Ritterbürtigkeit verbundene und allen ritterlichen Klassen gleichmässig zukommende Recht des ritterlichen Zweikampfes, welches daher auch allgemein durch den Nachweis der rittermässigen Geburt dargethan wird. So muss auch nach dem österreichischen Landrecht derjenige, dessen Berechtigung zum Zweikampf in Abrede gestellt wird, sein „Edel", d. h. seine Ritterbürtigkeit beweisen[1]. Ebenso bestimmt der bekannte § 10 der Constitutio Friderici I. von 1156: *Si miles adversum militem — duellum committere voluerit, facultas pugnandi ei non concedatur, nisi probare possit, quod antiquitus ipse cum parentibus suis natione legitimus miles existat*[2]. Die Analogie dieser Bestimmungen mit der angeführten Stelle der Rechtsbücher erscheint nun wohl schlagend genug, um die Vermuthung zu rechtfertigen, dass in der letzteren unter den Semperfreien alle ritterlichen Freien gemeint sein dürften, welche durch die Nennung der vier Ahnen ihre Ritterbürtigkeit zu erweisen haben.

6. Dagegen könnte nun aber der Einwand erhoben werden, dass jene Stelle fast wörtlich dem Sachsenspiegel entnommen erscheint, wo in 1. 51 § 4 ganz dieselbe Bestimmung für die Schöffenbarfreien, also eine bestimmte landrechtliche Standesklasse, zu welcher auch nichtritterliche Personen gehörten[3] ausgesprochen wird: *Svelk scepenbare vri man enen sinen genot to kampe an sprikt, die bedarf to wetene sine vier anen unde sin hantgemal, unde die to benomene, oder jene weigeret ime kampes mit*

---

[1] Oesterr. Ldr. Art. 53, vgl. auch Art. 12.
[2] Mon. Germ. Leg. 2 S, 103.
[3] Vgl. Goehrum. Ebenb. 1 S. 203, Anm. 23.

rechte. Und in Sachsensp. 3, 29 heisst es wieder: *Nen scepenbare man ne darf sin hantgemal bewisen, noch sine vier anen benümen, he ne spreke enen sinen genot kampliken an.*

Dieser Einwand erweist sich nun aber nicht als stichhältig. Einmal könnte er nämlich schon keinesfalls die Annahme auschliessen, dass der Verfasser des Deutschenspiegels an die Stelle der ihm unbekannten Schöffenbarfreien mit Hinweglassung des speziell für diese passenden Handgemals eben jene Personenklasse setzte, für welche nach den ihm bekannten Rechtsgrundsätzen jene Bestimmung zutraf. Eine eingehendere Untersuchung über die Bedeutung des Ahnenbeweises in jenen Sachsenspiegelstellen kann es nun aber, wie ich glaube, sogar höchst wahrscheinlich machen, dass derselbe auch hier auf den Nachweis der Ritterbürtigkeit gehen dürfte, wodurch wir also gerade umgekehrt eine neue Stütze für unsere Erklärung der entsprechenden Stellen der süddeutschen Spiegel gewinnen würden.

Man hat bisher die Forderung des Nachweises der vier Ahnen für den einen Genossen zum Kampfe ansprechenden Schöffenbaren übereinstimmend in dem Sinne aufgefasst, dass derselbe dadurch seine Schöffenbarfreiheit, d. h. seine landrechtliche Ebenbürtigkeit mit dem Angesprochenen zu erweisen habe, bezüglich des Standes der zu nennenden Ahnen aber, also über die Voraussetzungen der schöffenbarfreien Geburt, giengen die Ansichten der verschiedenen Erklärer auseinander [1]).

Allein, schon gegen jene Grundauffassung überhaupt macht sich das bereits bei früherer Gelegenheit hervorgehobene Bedenken geltend, dass es keinen rechten Sinn hat, einen rein landrechtlichen Geburtsstand ausser vom Stande der Eltern auch noch speziell von dem schon

---

[1]) Vgl. insbes. Homeyer, System S. 804 und Schroeder, Zur Lehre von der Ebenbürtigkeit im Sachsenspiegel a. a. O. S. 476, 477.

durch jenen nothwendig gegebenen Stand der Grosseltern abhängig zu machen [1]). Dies Bedenken erhält aber um so mehr Gewicht, als sich jene Angaben viel ungezwungener und natürlicher durch die oben angedeutete Auffassung erklären, für welche sich überdies auch bestimmte positive Anhaltspunkte finden.

Nach dem allgemeinen Grundsatze, dass der besser Geborene dem schlechter Geborenen den Kampf weigern könne [2]), mochte der, welcher einen Schöffenbarfreien herausforderte, immerhin auch seine landrechtliche Standesgleichheit darzuthun haben. Als Legitimation der Schöffenbarfreiheit muss nun aber nach meiner Ansicht schon die Weisung des Handgemals als vollkommen genügend angesehen werden, welches die Glosse ja ausdrücklich als Wahrzeichen der Schöffenbarkeit bezeichnet [3]). Ein besonderer Nachweis der freien Geburt stellt sich nicht als nöthig heraus, da der einzige etwa zu berücksichtigende Fall, dass ein ursprünglich Schöffenbarfreier in die Ministerialität übergetreten, seine früheren Standesrechte sich jedoch bewahrte, dem Sachsenspiegel fremd ist [4]). Das Handgemal kann der Sohn also nur von einem schöffenbarfreien Vater geerbt haben und auch nur dann, wenn derselbe ebenbürtig verheiratet war, da sonst der Stand und das Recht des Vaters, also auch die Schöffenbarkeit, nicht auf die Kinder übergehen konnte.

Es liegt daher jedenfalls näher, in der ausser der Weisung des Handgemals verlangten Nennung der vier Ahnen den Nachweis der Geburt von Rittersart zu er-

---

[1]) Vgl. oben S. 87. Eine Bezugnahme dieser Bestimmungen auf die Nachwirkungen der Freilassung kann hier aber um so weniger angenommen werden, als nach dem Sachsenspiegel die Schöffenbarfreiheit mit Ausnahme des Falles der Erhebung von Reichsdienstmannen zu Schöffenbaren (Sachssp. 3, 81 § 1) durch Freilassung ja gar nicht erworben werden kann.
[2]) Sachssp. Ldr. 1, 63 § 3.
[3]) Glosse zu Sachssp. 3, 26 § 2.
[4]) Vgl. Ficker, Vom Heerschild S. 169.

blicken, als der ersten Vorbedingung der Berechtigung zum ritterlichen Zweikampf überhaupt, für welchen Fall ja auch, wie Sachsensp. 3, 29 ausdrücklich besagt, allein jener Beweis dem Schöffenbaren auferlegt wird. Und in der That erscheint gerade hier die Forderung dieses gesonderten Nachweises bei dem Schöffenbarfreien besonders gerechtfertigt, da in Folge der Scheidung dieser Klasse in Ritter und Bauern die landrechtliche Ebenbürtigkeit mit der Ebenbürtigkeit zum gerichtlichen Kampfe bei dem Einzelnen keineswegs nothwendig zusammenfallen musste.

In dieser Auslegung bestärkt uns wesentlich die Glosse zu Sachsensp. 1, 51 § 3, welche eben hier Veranlassung nimmt, das Verhältniss von Schöffenbarfreiheit und Ritterbürtigkeit oder Adel zu erörtern, also gerade jener Momente, welche nach unserer Auffassung die Gegenstände jenes doppelten Beweises bilden. Wenn die Glosse nun mehrfach mit Nachdruck die vollständige Unabhängigkeit jener beiden Eigenschaften betont, indem sie sagt, dass die Schöffenbarfreiheit als ein Amt Niemanden „edelt", und zum Beweise dafür Beispiele von schöffenbarfreien Bauern anführt, so kann ihre Absicht in Bezug auf die zu erklärende Stelle offenbar keine andere sein, als eben die Nothwendigkeit des besonderen Beweises der Ritterbürtigkeit für den Schöffenbaren bei Gelegenheit des gerichtlichen Zweikampfes zu begründen. Denn, dass der schöffenbare Bauer seinem ritterlichen Standesgenossen im Punkte des Kampfrechtes nicht ebenbürtig sein konnte, scheint wohl nicht zu bezweifeln.

Eine ausdrückliche Bestätigung dafür glaube ich im Goerlitzer Landrecht c. 45 § 4 c. erkennen zu sollen, wo es heisst: *Ein iegelich man, der von geburt scheffinbare is, der mac wol camf ane gewinnin scheffinbarin markit liutin unde den die biergeldin sin odir lant setin, unde muoz ouch wol ir allir orteil vindin (unde) scheldin; des ne muogin sie ime nicht getuon.* Der Grund dieser

Unebenbürtigkeit der Schöffenbaren in den Städten zum Kampf mit den Schöffenbaren von Geburt düfte nämlich, da sich eine andere Verschiedenheit des Geburtsstandes doch schwer denken lässt¹), wohl darin zu suchen sein, dass man in den ersteren nicht ritterlich, sondern bürgerlich lebende Personen zu sehen haben wird, um so mehr, als sie mit den bäuerlichen Klassen der Biergelten und Landsassen auf eine Stufe gestellt werden, während die Schöffenbaren in den Grafschaften, nachdem ihnen früher sogar das Recht zugestanden wird, einen Fürsten zum Kampfe anzusprechen, offenbar als ritterliche Leute aufgefasst erscheinen.

Bei der allgemeinen Fassung unserer beiden Bestimmungen des Sachsenspiegels würde man nun freilich anzunehmen haben, dass derselbe die Schöffenbaren sich wenigstens überwiegend als eine ritterliche Klasse dachte ²). Kann dafür auch der Umstand, dass den Schöffenbaren ein bestimmter Heerschild zugesprochen wird ³), allerdings nicht beweisen, dass alle Schöffenbaren rittermässig lebten, so wird er doch vielleicht schliessen lassen, dass dies für die Mehrzahl der Fall war. Auch in der erwähnten Glosse zu Sachsensp. 3, 29 wird es sichtlich als eine ausnahmsweise Erscheinung hingestellt, dass in zwei Grafschaften die Schöffenbaren Bauern waren. Endlich scheint dafür auch die Bestimmung des Sachsenspiegels zu sprechen, dass beim Aussterben der Schöffenbarfreien in den Grafschaften Reichsdienstmannen freigelassen und zu Schöffenbaren gemacht werden sollen ⁴). Also nicht etwa aus einer niedriger gestellten Klasse von Freien wurde der Ersatz für die ausgestorbenen schöffenbaren Geschlechter genommen, sondern aus einem unfreien aber ritterlichen Stande.

---

¹) Vgl. Homeyer's Anmerk. zu dieser Stelle, Sachssp. II, 2 S. 213.
²) Vgl. dagegen Ficker, Vom Heerschild S. 166 ff.
³) Sachssp. Ldr. 1, 3 § 2.
⁴) Sachssp. Ldr. 3, 81 § 1.

Nach diesen Ergebnissen werden wir also auch mit um so grösserem Recht an unserer früher ausgesprochenen Ansicht über den Sinn des Erfordernisses der vier Ahnen als Voraussetzung semperfreier Geburt sowohl in Deutschenspiegel c. 62, Schwabensp. c. 70 b, als auch speziell in Deutschensp. c. 71 e, Schwabensp. c. 79 III und der sich daraus ergebenden Annahme einer weiteren Bedeutung des Ausdruckes Semperfrei festhalten dürfen.

7. Derselbe Begriff der Semperfreien erscheint endlich unverkennbar auch in Deutschensp. c. 293, Schwabensp. c. 121 I, wo bestimmt wird: *Lehen on gericht mag nieman hon, er sey dann semper freye vnd daz er dem kunig hulde schwert nach freyes mannes recht und bey den hulden sich verpflege wann man getzcuges an in zeuhet.* Die Einschränkung der Fähigkeit, Gerichtslehen zu empfangen, auf Fürsten und Hochfreie, würde aber nicht nur den thatsächlichen Verhältnissen geradezu widersprechen, sondern erweist sich auch mit anderen Stellen der Rechtsbücher als durchaus unvereinbar. So erklärt der Sachsenspiegel in der entsprechenden Stelle die Schöffenbaren als fähig, Gerichtslehen zu haben [1]) und der Schwabenspiegel selbst sagt in c. 119: *Davon lihet er* (der Kaiser) *den fvrsten vnd den graven vnd anderen herren weltlich gerichte.* Unter den „Herren" begreift der Schwabenspiegel nun regelmässig auch die Mittelfreien, wie sich dies z. B. deutlich aus c. 156 ergibt, wo er unterscheidet: *Lat ein herre sinen eigen man·vri —* und: *lat ein leigen fvrste sinen dienstman vri.* Als Herren der Eigenleute werden aber sonst ausdrücklich sowohl die Hochfreien als die Mittelfreien bezeichnet [2]). Derselbe Sprachgebrauch bezüglich des Ausdruckes Herren findet sich auch an anderen Stellen [3]).

---

[1]) Sachssp. Ldr. 3, 54 § 1.
[2]) Vgl. Schwsp. Ldr. c. 139, 308.
[3]) Schwsp. Ldr. c. 138. 140, 107.

Vergleicht man weiter andererseits die Bestimmungen des Schwabenspiegels in c. 86, wo unter den Eigenschaften, welche von der Fähigkeit, Richter zu sein, ausschliessen, insbesondere auch nur angeführt wird: *er sol auch nivt ein gebure sin* und in c. 91, welches beginnt: *Ez mag mit rehte kein gebure rihter gesin*, so kommen wir mit Nothwendigkeit zur Annahme, dass in c. 121 I unter den Semperfreien alle ritterlichen Freien, als die Lehensfähigen überhaupt, zu verstehen sind.

8. Kommen wir so in allen diesen Stellen zu einer Auffassung der Semperfreien, welche mit dem in den gleichzeitigen Quellen hinsichtlich des Ausdruckes Sendbar hervortretenden Sprachgebrauche vollkommen übereinstimmt, so scheint nun weiter angenommen werden zu müssen, dass **jene abweichende engere Bedeutung von Semperfrei überhaupt erst und lediglich durch die Willkür des Verfassers des Deutschenspiegels mit diesem Worte verbunden wurde**, der, als er zum Zweck der Aufrechthaltung der im Sachsenspiegel vorgefundenen Dreitheilung der freien Stände [1]) und im Widerspruch mit den thatsächlichen Verhältnissen die ritterlichen Freien in zwei Klassen schied, jenen Ausdruck ohne Rücksicht auf den gemeinen Sprachgebrauch als Bezeichnung des ersten Standes aufgegriffen zu haben scheint. Diese Annahme kann um so weniger befremden, als ja auch das gleichbedeutende Garfrei, das sich sonst in den Quellen nirgends findet, offenbar von demselben rein erfunden wurde und sich ein ähnliches Verhältniss auch bei der Bezeichnung Mittelfrei deutlich ergibt.

Was freilich den Deutschenspiegler gerade zur Wahl jener Bezeichnung veranlasste, erscheint allerdings nicht klar, da sich eine Beziehung dieses Begriffes von Semperfrei zu dem sprachlichen Sinn des Wortes keineswegs

---

[1]) Sachssp. 1, 2 § 1.

herausfinden lässt[1]). Man könnte höchstens vermuthen, dass der Wortlaut der betreffenden Sachsenspiegelstelle den äusseren Anlass dazu gegeben habe, wo gerade von der geistlichen und weltlichen Sendpflichtigkeit der einzelnen freien Stände gesprochen wird.

Einen deutlichen Beleg für die Richtigkeit jener unserer Annahme können wir übrigens wohl darin finden, dass auch schon der Schwabenspiegel den Gebrauch des Ausdruckes Semperfrei in der beschränkten Bedeutung von höchstfrei in dem selbstgearbeiteten Theile durchaus vermeidet, auch da, wo der Deutschenspiegel durch Erwähnung desselben oder des Wortes Schöffenbar dazu Veranlassung bot[2]), während er dann im Lehenrechte den Ausdruck Semper selbständig in der bekannten gebräuchlichen Bedeutung aufnimmt[3]).

---

[1]) Die gewöhnliche Ansicht, dass die Bezeichnung Semperfrei hergenommen sei von der ausschliesslichen Berechtigung der Hochfreien zur Theilnahme an den Reichstagen (vgl. oben S. 77) erscheint schon an und für sich als durchaus unhaltbar. Dass nämlich dieses Recht der Reichsstandschaft, überhaupt allen ritterlichen Freien, also auch den Mittelfreien zustand, erhellt schon deutlich genug aus c. 138 des schwäbischen Landrechtes selbst, wonach der König seinen Hof *den fursten vnd den andern herren* künden soll, und wo bei Bestimmung des Gewettes, das im Falle des Ausbleibens an den König zu zahlen ist, ausdrücklich auch für die Mittelfreien ein besonderer Satz aufgestellt ist.

[2]) Vgl. z. B. Deutschsp. c. 229, 283, 299 und Schwsp. c. 278, 310, 125.

[3]) Es mag hier auch darauf hingewiesen werden, dass sich in dem zweiten Theile des schwäbischen Landrechts überhaupt vielfach ein theilweises Aufgeben des aus dem Deutschenspiegel herübergenommenen Ständesystems und ein näherer Anschluss an die Ständegliederung der Urkunden zeigt. Während der Verfasser Begriff und Bezeichnung der Mittelfreien auch hier in der Regel beibehält, erscheint zunächst einmal der Begriff der Höchstfreien nach jener Richtung alterirt, indem regelmässig die Fürsten von den freien Herren im Sinne der Heerschildsordnung, geschieden werden (vgl. Schwsp. c. 123, 138, 308). Manchmal aber findet sich sogar eine der urkundlichen vollkommen entsprechende Ord-

Dass nun aber auch der Deutschenspiegel an dem einmal aufgestellten Begriffe der Semperfreien nicht consequent festhält, muss als eine Folge seines bekannten Verhältnisses zur sächsischen Vorlage erscheinen. Der Deutschenspiegel setzt nämlich die Semperfreien wie zu Anfang so auch späterhin stets an die Stelle der im Sachsenspiegel genannten Schöffenbarfreien. Nun konnten aber die hier für diese dem nördlichen Deutschland eigenthümliche Klasse ausgesprochenen Sätze meist nicht ohne mit der thatsächlichen Rechtsübung in offenbaren Widerspruch zu kommen, auf die viel enger abgegränzte Klasse der Höchstfreien übertragen werden. Darauf scheint der Verfasser des Deutschenspiegels in dem ersten ausgearbeiteten Theile denn auch Rücksicht genommen zu haben, indem er derartige Bestimmungen des Sachsenspiegels entweder ganz übergeht [1]), oder auf irgend eine Weise den im Süden geltenden Rechtsgewohnheiten anpasst [2]).

---

nung der Stände, wobei namentlich das besondere Hervortreten der Grafen beachtenswerth ist. So in der oben citirten Stelle aus c. 119 (vgl. S. 95) oder in c. 124, wo als Urtheiler über Reichsgut genannt werden: *fursten vnde vrien vnde graven und dez riches dienest man*, und in c. 139, wo den Fürsten das Recht, ihren Hof zu gebieten, zugesprochen wird *vmbe graven vnde vmbe vrien vnde vmbe dienest man*. Sehr interessant und zugleich charakteristisch für die Darstellung des Schwabenspiegels ist es, wenn eben in dieser letztgenannten Stelle am Schlusse ganz dieselben Personen in *vrie herren, mittel 'vrie* und *dienstman* eingetheilt werden. Endlich werden auch in c. 310, wo die Bussen der verschiedenen Personenklassen angeführt werden, die Freien einfach in Fürsten, freie Herren und Bauern unterschieden (vgl. Ficker, Vom Heerschild S. 149).

[1]) Vgl. z. B. Sachssp. 1, 59 § 1; 67 § 1 und Deutschsp. c. 81, 91.

[2]) Vgl. Sachssp. 2, 12 § 2—4 und Deutschsp. c. 57, 106. An diesen Stellen werden die Schöffenbarfreien einmal durch die Semperfreien und Mittelfreien, das anderemal, wie es die abweichenden süddeutschen Verhältnisse forderten, durch die Landsassen ersetzt.

Der Ausweg, mit den Semperfreien an solchen Stellen einen dem Inhalte entsprechenden weitern Begriff zu verbinden, musste aber gerade bei jenen Bestimmungen besonders nahe liegen, wo er dabei nur auf die ihm gewiss bekannte gewöhnliche Bedeutung von Sendbar zurückzugehen brauchte, wie dies in den früher besprochenen Stellen der Fall war. Der Gedanke, dass der Deutschenspiegler gedankenlos auch hier den Ausdruck Schöffenbar, wie gewöhnlich, durch Semperfrei ersetzt haben könnte, dürfte daher, wenigstens für die beiden ersten Stellen, wohl ausgeschlossen erscheinen.

9. Wir haben nun noch die Bedeutung der in den älteren Reichsurkunden auftretenden Homines synodales etwas in's Auge zu fassen. Ohne aber hier eine vollständige Lösung dieser bestrittenen Frage im Einzelnen versuchen zu wollen, möchte ich in dieser Beziehung nur hervorheben, in wieweit sich auch bei jenem Ausdrucke eine Uebereinstimmung mit dem späteren Sprachgebrauche zu ergeben scheint.

Was einmal die bezügliche Bestimmung aus dem Statutum in favorem principum vom Jahre 1231 betrifft, welche lautet: *Ad centas nemo synodalis vocetur* [1]), so werden wir darin wohl nur die Ertheilung eines privilegirten Gerichtsstandes für die ritterbürtigen Personen zu erblicken haben [2]), was als eine Forderung des gerichtlichen Ebenbürtigkeitsprinzipes erscheinen konnte [3]). Dabei kann es aber fraglich bleiben, ob jener Gerichtsstand das Grafengericht oder das des Landesherren gewesen sein mag. Für letztere Annahme könnte ausser der Analogie der späteren Zustände auch der Umstand sprechen, dass dieser Satz in einem Gunstbrief für die Fürsten sich findet. Dazu kommt, dass man unter der

---
[1]) Mon. Germ. Leg. 2 S. 282.
[2]) Vgl. Unger, Altdeutsche Gerichtsverfassung S. 326 Anm. 26 und Eichhorn, Staats- und Rechtsgesch. S. 606 Anm. gg.
[3]) Vgl. Eichhorn, a. a. O. S. 540.

Cent überhaupt auch oft das Landgericht zu verstehen hat [1]).

Weiter kommen sodann einzelne Stellen aus den Landfriedensgesetzen von 1234 und 1235 in Betracht, in welchen von den Homines synodales in der Eigenschaft als Zeugen oder Eideshelfer die Rede ist. So bestimmt das erste Gesetz: *quod si quis treugas datas violaverit, si cum ipso, in cuius manum treuge fuerant compromisse et cum duobus aliis synodalibus hominibus treugas violatas esse convincere potuerit et testari, violator manum perdat. Item si quis fide data promiserit aliquid et convictus fuerit cum tribus synodalibus hominibus fidem non servasse continuo proscribatur* [2]). Eine gleiche Bestimmung für die Ueberführung wegen Friedensbruch enthält das Mainzerrecht in Artikel 3, nur heisst es hier: *et duobus synodalibus viris integri status* [3]). Ebenso muss nach Art. 13 dieses Gesetzes derjenige, welcher der Aufnahme eines Geächteten überwiesen wurde, seine Unwissenheit *septima manu synodalium hominum integri status* [4]) darthun und endlich gehört noch hieher jene mehrfach besprochene Stelle desselben Landfriedens: *De pena filiorum, qui comittunt in patres et fauctores eorum* [5]). Der Sohn, der sich gegen seinen Vater empört hat, verfällt darnach der festgesetzten Strafe, wenn ihn dieser *cum duobus viris bonae opinionis et integri status, synodalibus hominibus* überführt. Darauf folgen Strafbestimmungen gegen die Ministerialen oder Eigenleute und alle anderen Helfershelfer des Sohnes, welche vom Vater *iuxta formam predictam* vor ihrem Richter überwiesen wurden, und weiter heisst es dann: *In omnibus tamen causis memoratis sit omnis testis liber, integri status et*

---

[1]) Vgl. Eichhorn a. a. O. S. 485 Anm. h.
[2]) Mon. Germ. Leg. 2 S. 301.
[3]) Mon. Germ. Leg. 2 S. 314.
[4]) Mon. Germ. Leg. 2 S. 317.
[5]) Mon. Germ. Leg. 2 S. 315, 316.

bonæ famæ in causis parium principum et aliorum sive inferiores sint ipso, etiam ministerialiter. Ministeriales vero in causis ministerialium et inferiorum sed non in causis liberorum. Rustici vero et servilis condicionis homines in causis non superiorum sed suorum parium admittantur.

Dass in allen diesen Stellen der Ausdruck Homines synodales in derselben Bedeutung gebraucht sein wird, unterliegt wohl keinem Zweifel. Fragen wir nun aber, welches diese sei, so wird einmal, wie ich glaube, die namentlich durch die Ausführungen am Ende der letzterwähnten Stelle ziemlich nahegelegte Annahme, dass man in der für die Zeugen geforderten Sendbarkeit eine blos relative Standeseigenschaft zu erblicken haben dürfte [1]), schon durch die oben erwähnte Stelle aus dem Privilegium für die Fürsten unbedingt ausgeschlossen, wo als Synodales offenbar ein ganz bestimmter Kreis von Personen bezeichnet wird.

Wir werden demnach zweifelsohne auch in jenen Homines synodales eine absolut bestimmte Personenklasse zu suchen haben und zwar müssen es gemäss dem Ebenbürtigkeitsprinzipe beim gerichtlichen Zeugniss offenbar Standesgenossen des Beklagten sein. Da nun dieser selbst wieder verschiedenen, aber, wie sich in allen diesen Stellen aus der Natur des Vergehens zu ergeben scheint [2]),

---

[1]) Eichhorn (a a. O. S. 841 Anm. i. und S. 564 Anm.) sieht darin nur die Eigenschaft, dass jemand unter seinen betreffenden Standesgenossen in persönlicher Achtung und Ansehen stehe, während Goehrum (Ebenb. S. 227) darunter „die vollkommene Zeugnissfähigkeit, wie sie von den Zeugen in den Synodalgerichten gefordert wurde", versteht, so dass die Ausdrücke *viri bonae opinionis et integri status* und *synodales homines* als gleichbedeutend zu betrachten wären. Diese letztere Ansicht wird jedoch schon durch den in den oben citirten Bestimmungen gebrauchten Ausdruck *synodalibus viris (synodalium hominum) integri status* vollkommen widerlegt.

[2]) Vgl. Unger, Altdeutsche Gerichtsverf. S. 324.

wohl nur ritterlichen Standes sein kann, so sehen wir uns bei dem Homo synodalis eben wieder auf den Begriff des ritterbürtigen Mannes hingewiesen.

Wird allerdings auch für die Eigenleute und überhaupt alle, zum Theil gewiss nichtritterlichen Gehilfen des Sohnes die gleiche Form der Ueberführung als geltend festgesetzt, so bezieht sich diese Gleichheit wohl nicht auf den Stand, sondern auf die Zahl der Zeugen [1]), und es scheint sehr wohl möglich, dass die folgenden Erläuterungen über die Ebenbürtigkeit zum Zeugniss eben dazu dienen sollten, einem Missverständniss jener Bestimmung vorzubeugen. Wenn nun aber hier die Ministerialen vom Zeugniss über Fürsten und freie Herren [2]) ausgeschlossen werden, so könnte darnach wohl eine Einschränkung der Homines synodales auf die ritterlichen Freien gefordert erscheinen, welche Auffassung an und für sich immerhin zulässig wäre.

Dagegen werden aber nach einem anderen Zeugniss die Dienstmannen unzweifelhaft auch unter den Homines synodales mitbegriffen. Wenn nämlich in einer Urkunde von 1236 als Beisitzer des Hofgerichts *principes*, *nobiles et alii viri synodales* genannt werden [3]), so können unter den letzteren offenbar nur die Reichsdienstmannen verstanden werden, welchen ja ausser Fürsten und freien Herren allein das Recht der Theilnahme an dem Hofgericht zustand, wie dies aus urkundlichen Zeugnissen genugsam hervorgeht. Als Viri synodales erscheinen demnach in dieser Stelle deutlich die Personen aller ritterlichen Ständeklassen zusammengefasst und finden wir darin also eine vollkommene Bestätigung unserer Auffassung der Homines synodales in den vorher erörterten Stellen.

---

[1]) Vgl. Unger ebendaselbst.
[2]) Vgl. Goehrum, Ebenb. S. 280.
[3]) Wirtembergisches U. B. 3 S. 374.

Diese Ausführungen dürften nun vielleicht hinreichen, um die Thatsache zu constatiren, dass der Ausdruck Sendbar im dreizehnten Jahrhundert in den verschiedensten Quellen und in den verschiedensten Verbindungen den Ausdruck Ritterlich oder Ritterbürtig dem Sinne nach genau ersetzt. Durch diese Auffassung gewinnen wir allein, und wie ich glaube, auf eine natürliche und ungezwungene Weise eine einheitliche Erklärung für alle die verschiedenen und scheinbar unvereinbaren Bedeutungen der in den Quellen als Sendbare bezeichneten Personen. Die nun weiter entstehende Frage nach dem Zusammenhang dieser offenbar abgeleiteten und anscheinend ferne liegenden Bedeutung des Ausdruckes Sendbar mit dem ursprünglichen Sinne des Wortes mag, da sie ein näheres Eingehen auf die Geschichte der Gerichtsverfassung nöthig machen würde, an diesem Orte einstweilen noch unerledigt bleiben.

www.ingramcontent.com/pod-product-compliance
Lightning Source LLC
Chambersburg PA
CBHW031408160426
43196CB00007B/946